Mme GEORGES DUHAMEL

Mon Voyage de Noces
EN ITALIE

Souvenirs & Impressions

Préface de M. A. VACCARO
Avocat, à Rome

PARIS
SOCIÉTÉ LIBRE D'ÉDITION DES GENS DE LETTRES
12, RUE D'ULM, 12

1898
Tous droits réservés

Mon Voyage de Noces

EN ITALIE

Mme GEORGES DUHAMEL

Mon Voyage de Noces

EN ITALIE

Souvenirs & Impressions

Préface de M. A. VACCARO

Avocat, à Rome

PARIS
SOCIÉTÉ LIBRE D'ÉDITION DES GENS DE LETTRES
12, RUE D'ULM, 12

1898

Tous droits réservés

PRÉFACE

Rome, 20 septembre 1897.

MADAME,

C'est avec une bien grande joie que j'ai appris votre intention de publier les impressions que vous avez ressenties dans le cours de votre Voyage de noces en Italie. Connaissant la finesse et la pénétration de votre esprit et sachant d'ailleurs combien vous avez toujours aimé mon pays, j'étais convaincu d'avance que votre ouvrage ne pourrait qu'être fort intéressant.

Et je ne me suis pas trompé.

En lisant vos lettres à Mlle Marie-Thérèse,

on devine, à travers la description simple et naturelle que vous faites de tout ce qui tombe sous vos regards, l'heureuse sérénité de votre âme ; on sent le parfum délicat et subtil qui se dégage de chacune de vos impressions.

Certes, il n'est point dans la vie, pour apprécier les beautés de la nature, de période plus favorable que celle qui s'écoule durant la lune de miel.

Le bonheur, le ravissement de l'âme se communiquent au monde extérieur, qui, dès lors, semble plus poétique et plus radieux.

Voilà pourquoi, à vos yeux pleins d'amour et de lumière, notre ciel, qui est pourtant bien beau, est apparu plus beau et plus rayonnant encore ; voilà pourquoi notre mer, qui a sans doute d'incomparables éclats, vous attirait tant et vous parlait un langage inusité et mystérieux.

Cependant, vous l'avouerai-je, j'ai toujours eu de l'aversion pour les voyages de noces. C'est là, à mon sens, le supplice suprême que nos mœurs réservent à ces martyrs qui se préparent à accomplir le vœu le plus doux et le plus sublime de la nature, celui de perpétuer l'espèce.

Et je les appelle martyrs parce que, lorsqu'on contracte mariage aujourd'hui, il faut se résigner héroïquement à affronter un nombre de formalités et de cérémonies si formidable qu'un saint lui-même arriverait à perdre patience. On dirait que notre civilisation tend, de toutes ses forces, à rendre toujours plus raboteux et plus pénible le sentier qui conduit au mariage. Au surplus, les exigences sans cesse croissantes de la vie font que beaucoup n'osent plus venir s'agenouiller devant l'autel de l'Hyménée.

Et, de fait, les statistiques démontrent

que le célibat est en progrès constant chez toutes les nations civilisées.

On connaît les conséquences déplorables qui résultent de ce fait, tant pour les individus que pour les sociétés. Il est vrai qu'un certain nombre ne se marient pas parce qu'ils sont les esclaves du vice; mais ceux-là constituent une infime minorité. La plupart subissent le célibat parce qu'ils ne se sentent pas capables de supporter le fardeau de la famille.

Est-ce excès de prévoyance, est-ce égoïsme, il est, dans tous les cas, une chose certaine, c'est que l'institution du mariage traverse une crise des plus graves. Comment prendra-t-elle fin? Je l'ignore.

Dans un opuscule que vous connaissez bien (1), j'ai dit que, parmi les questions

---

(1) L'auteur fait ici allusion à son ouvrage : *L'Evolution de l'amour,* qu'il a écrit à l'occasion du mariage d'un de ses amis et dont le texte, traduit en

PRÉFACE

ardues qui s'agitent aujourd'hui, le problème de l'amour est, avec celui du pain, l'un des plus importants, et qu'ils demandent l'un aussi bien que l'autre une prompte solution. Innombrables sont, en effet, les souffrances, les maladies et les misères de toute espèce qui résultent de la privation d'amour et de la difficulté qu'on a à vaincre pour satisfaire comme il le faudrait cet impérieux besoin du corps et de l'esprit.

Une grande partie de nos malheurs proviennent précisément de cette cause. Aussi n'avais-je pas tort de déplorer que ce problème ne fût pas encore étudié avec tous les soins qu'il mérite.

C'est peut-être parce que ce sont les femmes qui ont surtout à souffrir des conséquences de cet état anormal de choses,

français, figure à la suite de ce volume. Le grand succès qu'il a eu en Italie laisse croire qu'un accueil non moins bienveillant sera fait à la traduction française.

que ce problème a été négligé jusqu'à ce jour. Il convient de reconnaître ici que l'homme, dans la vie sociale, s'est fait toujours la part du lion. Lorsqu'il n'a pas su se tirer autrement d'embarras, il a pris ses mesures pour arranger au mieux ses affaires personnelles, réservant à la femme toutes les charges et toutes les responsabilités. La plupart de nos coutumes et de nos usages sont la résultante de cette espèce d'égoïsme.

Et, ce qu'il y a de remarquable, c'est que les femmes, au lieu de s'insurger contre ces coutumes introduites par les hommes dans leur propre intérêt, s'y attachent avec un respect qui confine à la superstition et qu'elles les aggravent encore fréquemment de tout le poids de leurs préjugés.

A défaut d'autres preuves pour démontrer que l'homme est un être égoïste et intéressé, il suffirait, pour s'en convaincre, de considérer de quelle manière il a su adapter la femme à ses besoins et à ses caprices.

Je disais donc que le célibat est surtout nuisible aux femmes qui, lorsqu'elles ne parviennent pas à trouver un mari, sont condamnées à une vie de sacrifices et de souffrances.

Et malheur à ces infortunées si, dans un moment de faiblesse, elles cèdent aux invitations de l'amour! La société n'admet pas d'excuses : elle n'a aucune indulgence pour elles, et elle les couvre de honte et d'opprobre.

La société exige que toutes ces pauvres créatures qui ne trouvent pas un homme pour les conduire devant l'officier de l'état civil, s'immolent, victimes obscures et que personne ne pleure, sur l'autel de ce dieu tyrannique et inexorable qui s'appelle l'Honneur.

Vous savez bien que je n'ai pas l'intention, à l'aide de ces réflexions, d'attaquer les principes moraux qui régissent notre société. Mais je voudrais, tout au moins, que l'on cherchât dès à présent à atténuer dans une certaine mesure les inconvénients qui en dérivent dans la pratique, en commençant par dépouiller nos modes matrimoniales de tout ce que le monde y a introduit d'inutile et de fastidieux. Car je ne vous le cache pas, nombre de personnes qui ne seraient pas les adversaires du mariage, le deviennent à la seule pensée qu'elles doivent se soumettre à tous ces petits ennuis qui précèdent et accompagnent sa célébration. Et pourquoi le dissimulerai-je? je suis moi-même de ce nombre.

Je parlais, il y a quelque temps, de cette question à une dame très intelligente et des mieux douées. Voici ce qu'elle me disait:

« *Vous avez raison. C'est bien le cas
d'entreprendre aujourd'hui une croisade
contre tout ce que la mode et la vanité ont
introduit d'inutile et de désagréable dans
les cérémonies nuptiales. Il est de notre
intérêt, à nous autres, femmes, de faire en
sorte que les hommes avalent la pilule du
mariage sans s'en apercevoir. Il est si difficile maintenant de rencontrer un homme
courageux et de bonne volonté qui consente
à devenir mari, qu'il serait vraiment stupide de l'effrayer encore davantage dès le
début en lui présentant l'épouvantail des
formalités inutiles à remplir.*

« *Quel besoin a-t-on, par exemple, d'inviter des étrangers à la rédaction du contrat de
mariage ? Est-il bien nécessaire de faire savoir au public ce qui se passe chez nous ?
Cela ne sert qu'à mettre vos amis et vos amies
en mesure de vous jeter plus tard à la face
ce qu'ils ont appris en cette circonstance.*

« *Que dire de l'exposition de la corbeille de mariage et des cadeaux qu'elle contient?*

« *Si votre corbeille est riche et belle, le moins que les amies de la famille puissent murmurer entre elles, c'est ceci* : *Quelle folie de faire une aussi grosse dépense! Dépense inutile d'ailleurs : cette famille est destinée à être ruinée par le luxe. Il faudrait avoir un revenu de cent mille francs par an pour pouvoir se permettre une pareille corbeille ; et c'est à peine s'ils en ont le quart.*

« *Je ne vous parle pas des lazzis des hommes lorsqu'ils voient vos chemises, vos camisoles et autres effets de même nature. Il y a de quoi en rougir.*

« *Supposons, au contraire, que votre corbeille soit modeste et sans prétention. Alors vos amies la considèrent en échangeant entre elles des regards d'intelligence et des sourires fort expressifs : Quel courage ! Inviter tout ce monde pour faire voir ces quelques chiffons ! Regardez ce linge, ces ouvrages, ces dentelles ! quelle misère !*

« *L'époux, de son côté, a voulu faire le grand seigneur. Il a remis de beaux cadeaux à sa fiancée. Mais il est à présumer qu'il les a achetés à crédit ; et il n'est pas déraisonnable alors de supposer qu'ils iront un jour ou l'autre s'échouer au mont-de-piété !*

« *Tels sont, en substance, les discours que tiennent les meilleures amies de la famille, celles qui vous embrassent avec tendresse et qui vous adressent les vœux les plus ardents de bonheur et de prospérité.*

« *Le mal serait encore supportable s'il s'arrêtait là ; mais tout n'est pas fini. Vous devez aller à la mairie ; vous devez aller à l'église pour y faire célébrer le mariage religieux. Les jeunes filles tiennent beau-*

coup à cette seconde cérémonie qui revêt pour elles un caractère des plus émouvants. Mais je ne crois pas que, généralement, l'époux voie les choses du même œil. Il est, la plupart du temps, bien loin d'être religieux. Et cependant, ne serait-ce que par convenance, il est tenu de se confesser, de communier, de se faire bénir suivant les usages reçus, de manifester une certaine componction.

« Les invités profitent, en règle générale, de ce moment pour soumettre les époux à l'examen le plus minutieux.

« Les hommes ordinairement ne sont pas bien difficiles à contenter. Pourvu que la mariée soit jeune, ils trouvent toujours en elle quelque chose à admirer. Leurs discours portent de préférence sur la question de savoir si le mariage sera heureux. Les pronostics sont à peu près toujours défavorables. Comment donc, ces bons amis *de la famille, pourraient-ils s'y prendre pour démontrer autrement leur attachement au mari? Leur unique désir n'est-il pas de venir à son secours, de l'aider à supporter le poids du mariage? Même dans les cas les plus défavorables, ils conservent toujours quelque espoir, si lointain qu'il puisse être. Aussi ne manquent-ils pas de raisons pour soutenir que, tôt ou tard, les ondes limpides sur lesquelles s'embarque le nouveau couple finiront par être agitées par la tempête; ce qui leur permettra, les honnêtes gens! d'essayer de pêcher en eau trouble.*

« Les dames sont moins méchantes. Après avoir fait une minutieuse critique de la toilette de la mariée, elles se contentent d'examiner si le mari donne de belles promesses, ou s'il court le danger de tomber dans la banqueroute.

« Fût-il beau comme un Apollon, on

finit toujours par lui découvrir quelque défaut. Un jour, j'assistais au mariage de deux jeunes gens qui ne pouvaient être ni plus beaux, ni plus élégants. Une de mes amies ne remarqua-t-elle pas que le mari avait le cou trop gros et les jambes trop minces ? Je ne sais si l'observation était juste ; mais je me souviens que j'en ris de bon cœur. »

Ainsi s'exprima la personne dont je vous ai parlé plus haut. Je crois inutile d'insister plus longtemps sur ce point ; car j'estime que vous connaissez fort bien cette matière par expérience directe.

On arrive pourtant à l'heure du lunch. Et lorsque celui-ci est terminé, le supplice a été tel que les jeunes mariés ont de la peine à croire qu'il leur soit possible de recouvrer enfin leur liberté et de se soustraire à ce trop long martyre.

Et nous voici au voyage de noces, qui

ne doit être en général, à mon avis, ni bien divertissant, ni bien favorable à la santé des époux. Cependant lorsqu'on a votre intelligence et votre bon goût, le voyage peut acquérir de l'intérêt. J'en trouve la preuve dans celui que vous avez fait et qui vous a donné l'occasion d'écrire un livre plein d'observations délicates et d'aimables souvenirs.

Je suis convaincu que votre ouvrage décidera d'autres personnes à se rendre en Italie, non pas seulement pour en admirer les beautés naturelles, mais bien pour visiter ses nombreuses cités si diverses et si caractéristiques, ses monuments, ses œuvres d'art et ses souvenirs glorieux de toute espèce. Et il est à souhaiter que vos compatriotes viennent en grand nombre parcourir l'Italie nouvelle ; c'est à ce prix seulement que pourront prendre fin les erreurs et les préjugés qui ont cours chez vous sur notre compte et qui sont une source de défiances et de malentendus continuels. Mais permettez-moi de ne pas insister sur ce point délicat. C'est là une question qu'il n'est pas bon de discuter en ce moment.

Au surplus, je m'aperçois que ma lettre est déjà trop longue et qu'il est temps de m'arrêter.

Je ne puis cependant pas terminer sans vous exprimer le souhait de pouvoir vous voir une fois encore à Rome. C'est dans cet espoir que je vous prie d'agréer, Madame, l'assurance de ma plus haute considération et de me croire toujours

Votre bien dévoué,

M.-A. VACCARO.

MON VOYAGE DE NOCES

EN ITALIE

I

LYON

Lyon, le 23 octobre 189..

Ma chère Marie-Thérèse,

Pendant que tu es tout entière à tes études si sérieuses, nous roulons sans cesse, et ce n'est que le commencement. Il est donc entrepris, ce voyage de noces : que sera-t-il pour nous ? Je l'ignore. Nous intéressera-t-il ? Oui ; j'entends déjà ta réponse, et te vois souriant à la réception de chacune de mes lettres.

Ainsi donc, hier, nous avons quitté Paris, nous dirigeant vers Lyon que nous voulions visiter. Durant le parcours, nous avons vu imparfaitement le pays ; car nous avons eu la pluie pendant tout le temps. Mais la campagne semble nue : peu ou pas de maisons isolées, quelques villages seulement ; des villes de temps en temps, Melun, Dijon, Mâcon, par exemple, que nous n'avons fait que traverser à la hâte. Tel est en quelques mots le bilan de la première journée de notre voyage.

La nuit arrive de bonne heure en cette saison. Et le temps est long, alors qu'à la clarté incertaine de la lampe qui éclaire le wagon, on est obligé de se blottir dans son coin, n'ayant devant soi que des personnes inconnues et quelques réclames affichées dans son compartiment. Mais je n'étais pas seule, moi, et, à deux, il est facile de ne point trouver le temps long : on se comprend, je dirai plus, on s'aime ; et, dans ce cas, on se suffit, regrettant parfois cependant les personnes amies qu'on laisse derrière soi.

On a besoin d'occupation, dis-je, alors qu'il fait nuit et que l'on est en chemin de fer. On lit, on cause, on mange, on suit sur son indicateur le chemin que l'on parcourt etc., et le temps passe, et l'on atteint son but.

En pleine nuit, en effet, nous arrivons à Lyon : à grands pas, nous nous dirigeons vers notre hôtel, proche de la gare, apercevant vaguement, à la lueur des becs de gaz, l'aspect de la ville qui va bientôt s'endormir.

L'heure étant très avancée, nous ne verrons rien ce soir ; la partie sera renvoyée à demain. . . . .
. . . .

. . . Demain est arrivé ! Mais quelle journée ! Un soleil magnifique semble nous dire qu'il faut sortir.

Un tramway passe ; nous y montons. Chemin faisant, nous voyons de belles rues, de larges boulevards bordés de verdure et plantés d'arbres encore verts : ici, c'est la place Bellecour avec sa statue de Louis XIV ; c'est la Rue de la République où a été assassiné le Président Carnot ; plus loin, c'est la Rue de l'Hôtel-de-Ville avec la place des Terreaux, à son extrémité nord.

La ville ancienne est resserrée entre le Rhône et la Saône, qui viennent se joindre au sud de Lyon, tandis que la ville nouvelle s'étend à l'est sur la rive gauche du Rhône. Au nord, entre le fleuve et la Saône, est perché le quartier ouvrier, la Croix-Rousse, qui est le Belleville de Lyon.

A l'ouest, on aperçoit une colline abrupte : c'est le coteau de Fourvières où a été élevée une église, à l'aspect imposant, qui porte le même nom ; au pied du monument, on remarque une tour métallique, copie, mais en petit, de la Tour Eiffel de Paris, d'où l'on jouit d'un magnifique coup d'œil sur la ville entière, sur les Alpes et sur le Mont-Blanc lui-même qui est visible quelquefois lorsque l'atmosphère est très claire.

Toutes ces hauteurs, nous les voyons dès qu'ayant traversé le Rhône sur un pont métallique, nous nous trouvons, de l'autre côté du fleuve, sur la place Morand. Prenant l'avenue de Noailles, nous sommes bientôt à l'entrée du magnifique et immense parc de la Tête-d'Or où se tient, en ce moment, l'Exposition. Nous ne pouvions pas passer à Lyon sans la visiter :

c'est ici l'attraction du moment. Elle renferme, comme cela est naturel, des palais nombreux destinés à recevoir des produits de tout ordre, notamment les soieries lyonnaises, les machines qui servent à les fabriquer, ainsi que des échantillons de tout ce qui a rapport à l'industrie, au commerce et à l'agriculture de la France.

Plus loin, en longeant le lac situé au milieu du parc, on aperçoit des constructions diverses d'un caractère particulier : c'est l'Exposition Coloniale.

On pourrait presque se croire dans une petite ville du centre de l'Afrique, qui différerait en tout de nos villes ordinaires. Comme habitations, ce sont des cases construites avec de la terre par les indigènes eux-mêmes et recouvertes de paille, suivant l'usage de leur pays. Il y a aussi des palais : palais de l'Algérie, de la Tunisie, de l'Annam; des théâtres où jouent des artistes primitifs venus d'au delà des mers. Ce sont, enfin, des objets de toute espèce produits par les colonies et que les exposants vendent aux visiteurs. J'ai même goûté à leur confiserie en prenant un « je ne sais quoi » que j'ai trouvé excellent.

Mais la nuit est déjà venue, il faut rentrer, d'autant plus que la journée a été bien employée.

A demain, le départ pour l'Italie.

Pour toi, toujours mon amitié constante et mes meilleurs baisers.

Ta Georgette.

II

GENÈVE

Genève (Suisse), le 24 octobre 189..

Nous avons failli manquer le train qui part à cinq heures. Cinq heures du matin, n'est-ce pas un peu de bonne heure pour des gens fatigués ?

Mais nous ne l'avons pas manqué, c'est le point capital.

Je suis déjà habituée au sifflement aigu des locomotives, à l'animation des gares; je commence enfin à être un peu de la partie. Sans précipitation aucune, nous prenons un compartiment où nous allons être seuls : nous en sommes enchantés, bien entendu.

Aussitôt que le jour paraît, nous pouvons voir à nos côtés le Rhône, au cours impétueux, parsemé d'îles, que nous allons longer pendant plusieurs kilomètres. Le soleil commence à paraître. Bientôt il se montre radieux ; le temps est clair; une journée splendide s'annonce et nous réjouit.

Heureux, nous voilà formant des projets, tranquillement, tous deux, nous faisant part de nos impressions, parfois de notre amour, gaîment, poursuivant notre chemin. Nous regardons la carte ; la Suisse n'est pas éloignée : 60 kilomètres seulement et nous serions à Genève ! Nous serions vraiment coupables de ne point changer de direction et de ne pas renvoyer à demain notre arrivée à Turin. Nous voilà décidés; à Culoz, nous prenons la direction de Genève ; nous allons en Suisse. Et voilà pourquoi je t'écris de Genève.

A partir de Culoz, le train longe toujours le Rhône entre deux rangées de montagnes. Peu à peu cependant, la vallée s'élargit, les pentes couvertes de vignes que l'on vendange en ce moment, deviennent plus douces. Genève approche.

Enfin nous voilà arrivés. Il s'agit de descendre et de présenter ses effets à la douane, qui n'est pas bien sévère.

Cette formalité accomplie, nous nous dirigeons vers notre hôtel, où nous déjeunons; car il est près de midi.

Pendant que nous sommes à table, le temps se couvre et, lorsque nous voulons aller visiter le lac de Genève — « Noblesse oblige » —, un brouillard assez épais, qui cache le beau soleil de ce matin, le voile en partie, ce qui nous prive d'un des plus beaux spectacles qu'il soit, paraît-il, donné de voir à l'homme.

Déception de ce côté. Alors, voyons la ville. Mais à peine avons-nous parcouru quelques rues, que la pluie commence à tomber, très fine d'abord. Cela ne nous décourage pas; nous continuons notre marche à travers Genève, passant devant le théâtre, près des musées, où nous ne pouvons pas entrer, l'heure étant trop avancée. Enfin, nous sommes obligés, bon gré mal gré, de céder puisqu'il pleut maintenant à torrents, puis-je dire.

C'est donc de notre froide chambre d'hôtel, que je te raconte les incidents de cette maussade journée qui s'annonçait si bien. Nous n'avons pour ainsi dire pas vu Genève; nous le regrettons bien fort, tu peux bien le supposer. Mais, tu le sais, notre temps est compté, notre but, c'est l'Italie ; demain, nous arriverons à Turin. Et, cette fois, ce sera la bonne.

Adieu, ma prochaine lettre t'arrivera d'au delà des Alpes.

III

TURIN

Turin, le 26 octobre 189..

Hier matin, fidèles à notre programme, nous avons quitté Genève. Le temps pluvieux continuait encore; mais nous rentrions en France et nous allions passer en Italie. Il devait faire beau, là-bas, sous le beau ciel de l'Italie !

Nous étions en France pour quelques heures seulement: il me semblait que c'eût été un crime de ne point lui faire nos adieux, puisque nous étions sur le point de la quitter, ne sachant si nous la reverrions jamais. Mais nous étions tout espoir; le danger, crois-le bien, nous n'y pensions pas, et gaîment nous disions adieu à la France, adieu aux nôtres, adieu à toi, mon amie.

Commodément installés dans notre compartiment, à l'abri de la pluie qui, cette fois, ne nous arrête point, puisque nous marchons malgré elle, nous avons le loisir de traverser des pays et des pays. Mais ce vilain brouillard est là qui cache à nos regards bien des choses curieuses. Ainsi, nous ne verrons point le Mont-Blanc, qui nous intéressait tant. Les Alpes — et nous y passons au pied — sont à peine visibles : nous apercevons cependant la neige tout à fait au haut de quelques sommets voisins que la brume n'enveloppe pas. Quelques tristes maisonnettes, ayant l'air fort pauvres, défilent sous nos yeux rendus mélancoliques.

Et le train marche toujours.

Bientôt, nous allons arriver au lac du Bourget. Le voici ; comme il est beau et grand ! Et cependant, c'est une image bien imparfaite assurément de la mer que je n'ai pas vue encore ! Nous le longeons pendant une quinzaine de kilomètres, et, constamment, j'ai besoin de le contempler, tellement il m'impressionne et me pénètre de sa poésie.

Nous l'avons déjà laissé derrière nous ; et maintenant ce sont des villes entre autres, Aix-les-Bains, la grande station thermale, Chambéry, l'ancienne capitale de la Savoie, Notre-Dame-d'Aiguebelle, où l'on fabrique un chocolat bien connu, St-Jean-de-Maurienne, enfin que sais-je ? Et nous montons, montons sans cesse. Nous voilà enfin à Modane, située, dit notre indicateur, à 1074 mètres d'altitude. Nous montions, n'est-ce pas ?

Modane, dernière gare française ou plutôt gare franco-italienne, est là entre les deux versants. Changement de train. Nous apportons nos effets à la douane comme nous l'avons déjà fait en Suisse. La langue italienne que l'on entend de tous côtés, nous avertit que nous passons d'un pays à un autre ; et nous restons là, une heure, après quoi nous prenons un compartiment où, encore une fois, nous nous trouvons seuls !

Nous la saluons maintenant la belle Italie ; nous sommes chez elle, dans ses chemins de fer ; en un mot nous sommes presque Italiens, apparemment bien entendu ; car la France et nos amis ne s'éloignent point de notre souvenir.

En quoi est-elle donc belle l'Italie? Il pleut sans discontinuer ; pas de différence encore. Et de nous écrier : la France est tout aussi belle !

Tandis que nous rêvons, le train se met en marche ; et nous voilà bientôt engouffrés dans le grand tunnel du Mont-Cenis, dont le parcours va durer 29 minutes. Comme il fait noir en dehors du wagon, et que le temps est long! Nous arrivons à la fin du souterrain : une faible clarté commence à paraître à l'avant de la locomotive ; bientôt nous revenons à la lumière du jour.

La voie est fort accidentée de l'autre côté du tunnel. Nous sommes là sur le bord d'un précipice : si le train déraillait ! Oh ! nous n'y avons pas songé. Et cependant j'ai peur sur les chemins de fer italiens : il me semble que les nôtres étaient plus solides. Mais cette pensée n'est que passagère : deux bons baisers échangés en présence de cette nature pittoresque modifient absolument mon genre d'idées.

Nous marchons encore : toujours des précipices. Le temps marche lui aussi ; bientôt la nuit va arriver. Maintenant nous ne sommes plus seuls ; dans chaque gare, un ou plusieurs voyageurs montent avec nous ; ce sont des Italiens. Ils ont l'air bien affables ; mais ils parlent italien, et nous ne les comprenons point.

Il est six heures et l'indicateur nous avertit que nous arrivons : encore une gare, et nous sommes à destination. Bientôt *Torino ! Torino !* entend-on de tous côtés : c'est Turin : Gare monumentale, où descendent bon nombre de voyageurs ; à *l'uscita*, c'est-à-dire à la sortie apparaissent de nombreuses voitures d'hôtel qui attendent là. Nous sommes frappés à la vue de leurs enseignes françaises. Nous en choisissons une qui nous porte à notre hôtel, où bientôt nous allons nous trouver dans notre chambre. Il fait nuit; donc à demain pour sortir. . . . .

. . . . Nous sommes à Turin : le soleil est déjà levé depuis plusieurs heures et le beau temps paraît être revenu. Après notre déjeuner, nous sortons pour visiter la ville, qui est l'ancienne capitale des rois de Piémont. Le Palais-Royal est précisément à côté de notre hôtel : non loin de là s'élèvent les statues de Victor-Emmanuel et de Garibaldi.

Ici, les rues sont admirablement alignées et se coupent presque toutes à angle droit, mais elles n'ont pas de trottoirs : ce qui paraît singulier pour des Français. De longs tramways sans impériale les parcourent dans tous les sens : d'alertes petits chevaux, à l'allure rapide, traînent sans aucune peine apparente, ces lourdes voitures qui semblent trop grandes pour eux.

Turin, en dehors de son Palais-Royal, de ses promenades et de son jardin public qui s'étend sur le bord du Pô, n'a rien qui attire l'attention de l'étranger. Seule une hauteur située de l'autre côté du fleuve offre quelque intérêt : elle porte à son sommet le curieux Monastère des Capucins. Nous y sommes montés. De là, on aperçoit à ses pieds le panorama tout entier de Turin, avec ses rues alignées, ses places, ses promenades et ses monuments. Au loin, avec un ciel serein, on peut voir les Alpes que cache en ce moment un mince rideau de brouillard. Après une visite à la chapelle, nous descendons par un funiculaire qui est autrement rapide que celui de Belleville. Telle est en quelques lignes notre excursion d'aujourd'hui.

Ce qui nous a frappés surtout, c'est l'usage que l'on fait ici de la langue française. On vous reconnaît Français, l'on vous aborde en français, en un mot, on ne se trouve point expatrié : on se croirait presque en France. En est-il de même dans toute l'Italie ?

Demain nous traverserons la Lombardie pour continuer notre voyage. Puisse le temps être plus clément que les jours passés et nous permettre d'admirer enfin le beau ciel d'Italie que vantent tant les poètes !

IV

MILAN

Milan, le 28 octobre 189..

Le temps n'a pas été beau.

Aussi, notre parcours n'a pas différé des précédents : le soleil toujours est caché. Quand donc nous sera-t-il donné de voir le ciel de l'Italie ? Fort heureusement, nous avons encore devant nous bon nombre de kilomètres à franchir. Ainsi, nous ne nous désespérons pas...

Sur la ligne de Turin à Milan, par Verceil et Novare, se trouvent d'immenses plaines fertiles où l'on cultive le blé, le maïs, la vigne et spécialement le riz. Le terrain est marécageux et insalubre sur certains points : aussi la fièvre paludéenne y règne-t-elle souvent, dit-on ; ce qui n'est pas étonnant.

A droite de la ligne, dans le voisinage de Magenta, apparaît le monument élevé en l'honneur des Français tués à la bataille qui porte le même nom.

Après plusieurs heures de chemin de fer, commencent à paraître, au loin, des usines, de plus nombreuses habitations, en un mot, l'on sent qu'on est proche d'une grande ville. En effet, nous arrivons à Milan, sous la pluie qui continue toujours.

Même aspect qu'à Turin : gare aux belles proportions, grande animation. De nombreuses voitures aux enseignes françaises stationnent sur le quai extérieur.

Ici encore, on parle français. Quand donc serons-nous dans la véritable Italie ?.....

. . . .

. . Le soleil qui, tout à l'heure, semblait bouder, apparaît maintenant dans tout son éclat. Aussi, malgré la boue, nous allons sortir.

A quelques pas, se trouve le Dôme, la belle cathédrale de Milan, qui est entièrement construite en marbre blanc à l'extérieur comme à l'intérieur. Une centaine de clochetons la surmontent, terminés, chacun, par une statue colossale. Une infinité d'autres statues ou statuettes sont placées un peu partout, soit au dedans, soit au dehors de l'église : elles sont, paraît-il, au nombre de 6.000, ce qui est considérable. Au centre, une flèche plus élevée que les autres, domine la cathédrale et la ville : sa hauteur est de 108 mètres environ. Lorsqu'on est arrivé à son sommet — et nous y sommes montés cela va sans dire — on a sous ses pieds la ville, tout entière avec ses monuments, le Palais-Royal, les galeries Victor-Emmanuel, les divers musées, la Place d'armes, où, ici encore, se tient l'Exposition.

Vue de là, la plaine de la Lombardie est splendide; c'est, sans contredit, la plus belle et la plus riche de l'Italie. Au sud et tout près apparaît Pavie, qui est comme la succursale intellectuelle de Milan; au nord-est, à quelques kilomètres, on voit, au milieu des arbres, Monza, où se trouve l'habitation d'été du roi; puis, bordant l'horizon, on aperçoit au nord les Alpes Suisses avec le Saint-Gothard et le Mont-Rose qui s'élèvent au-dessus des autres sommets, et, à l'ouest, enfin, si le temps était un peu plus clair, nous pourrions encore distinguer le Mont-Blanc. Mais, hélas ! il est écrit que nous ne l'apercevrons pas ; car Milan est la dernière ville d'où il puisse paraître.

Nous ne nous lasserions pas de contempler ce spectacle. Mais tout ici-bas a une fin : il faut descendre, non sans avoir jeté un dernier coup d'œil sur cette floraison luxuriante de flèches, de statues, de sculptures diverses, qui s'épanouit à nos pieds, au sommet de la cathédrale.

Après avoir admiré ce beau monument, il nous reste à visiter quelques musées et l'Exposition, puisqu'elle se trouve là.

Avant d'entrer au Palais des Sciences et des Arts, où se trouve réunie une belle collection de tableaux de toutes les époques, d'antiquités diverses et de livres rares, nous passons devant le célèbre théâtre de la Scala, dont on parle tant en France.

A la Pinacothèque, qui est une dépendance du Palais des Sciences, nous avons parcouru plusieurs salles où sont exposées des peintures, parmi lesquelles on remarque plusieurs chefs-d'œuvre d'artistes italiens.

A notre grand regret, nous avons dû voir ces belles choses à la hâte. C'est que l'heure de la fermeture des portes n'était pas loin.

Il faut donc sortir. L'Exposition, heureusement, est là tout près : nous nous y rendons. Mais, comme par un fait exprès, nous n'avons que quelques minutes à y rester : on va fermer également les portes : aussi ne pouvons-nous la voir que superficiellement. Il ne nous est pas possible de porter un jugement sur elle et de la comparer à celle de Lyon. Il paraît, cependant, qu'elle a été bien réussie.

Au sortir de là, nous montons sur un tramway électrique, plus rapide encore que les petits chevaux de Turin, et nous rentrons . . . .

. . . Ce matin, nous sommes allés à la cathédrale pendant la Messe. La foule nombreuse qui se trouvait là, bien que massée auprès du sanctuaire, n'entendait pas les paroles prononcées à l'autel. C'est à peine si l'on pouvait distinguer celles du prédicateur. C'est te donner une idée des dimensions colossales de cet édifice.

Il est midi ; dans quelques instants, la voiture de l'hôtel doit nous prendre. Voilà justement qu'on vient chercher nos bagages. A la hâte je t'embrasse ; et en route pour Venise !

V

VENISE

Venise, le 29 octobre 189..

Pends-toi, chère amie, nous sommes à Venise et tu n'y es point! Mais ce n'est pas sans peine, si nous y sommes arrivés; car la voie qui mène ici est bien mauvaise sur certains points et l'on est terriblement cahoté pendant une centaine de kilomètres. En revanche, nous avons vu encore bien des pays : la plaine de la Lombardie qui continue encore, la plaine de la Vénétie que l'on trouve ensuite, semblent toutes les deux bien belles ; mais, comme je te l'ai dit dans une autre lettre, la Lombardie en est la reine.

Dès que nous avons quitté Milan, nous nous rapprochons un peu de la montagne, mais de la montagne en miniature; car les Alpes sont encore bien éloignées.

Nous défilons successivement devant des panoramas divers : plaine, pays accidentés, rivières traversées, etc., etc.

Nous allons bientôt voir apparaître le Lac de Garde. Nous sommes déjà à Brescia, où bon nombre de curieux sont à la barrière. Nous, aussi curieux qu'eux, nous jetons à la hâte un coup d'œil sur eux, nécessairement, mais aussi sur la ville. C'est une place forte que domine la citadelle, le *Castello*, comme disent les Italiens ; et nous marchons toujours. . . . . .

Le voilà à nos côtés, le lac de Garde,

le plus grand lac de l'Italie, ayant une longueur de 60 kilomètres dans sa plus grande dimension, du nord au sud. Et nous allons le longer pendant 16 kilomètres, ce grand et beau lac de Garde, « aux reflets azurés, aux profondeurs béantes. »

Un peu plus loin, se trouve à notre droite, Solferino, où s'élève sur un mamelon, une tour nommée *l'Espionne de l'Italie*, parce que c'est de là, paraît-il, que l'étranger surveillait autrefois les agissements des Italiens chez eux. Là encore, sur la hauteur, on a construit une chapelle qui sert d'ossuaire aux soldats français tués à la bataille de Solferino.

Et le train file toujours..... Voici Vérone, autre place forte entourée de toutes parts de canons et de fortifications.

Vérone, vingt minutes d'arrêt, buffet..., crient, en italien, les employés de la gare ;

et, en même temps, l'on voit passer, devant les portières ouvertes, de petits jeunes gens, criant d'un ton perçant : *pan, vino e frutta,* (pain, vin et fruits). Avis aux amateurs !

L'on descend : on se promène ; on achète des journaux, des cigares, etc. Il y en a pour tous les goûts.

L'heure du départ arrive et l'on se remet en marche, mais dans quelles conditions ! La ligne est affreuse ; à tout instant, je me vois de l'autre côté : un déraillement est inévitable, me semble-t-il, et j'ai peur. Il n'y a pas de quoi, puisque, malgré tant de secousses, nous approchons de Venise. En effet, nous avons déjà dépassé Padoue la patrie du bon saint Antoine.

Ici la voie s'améliore et l'espoir renaît.

La nuit arrive sur ces entrefaites et nous marchons toujours. Quelques petites gares

encore, et bientôt nous voilà sur le pont
immense qui relie Venise au continent.
L'air salé de la mer commence à se faire
sentir : il nous avertit que nous avons atteint notre but, non sans de terribles émotions.

« *Venise, tête de ligne, tout le monde
descend de voiture.* » Gare monumentale,
peu différente de celle des villes que nous
avons déjà vues. Nous sommes bientôt sur
le quai extérieur. Des gondoliers nombreux
sont là sur le canal prêts à transporter les
voyageurs. Nous en choisissons un, et
nous voilà installés dans notre gondole.

Il fait nuit et nous sommes à Venise, la
ville que je rêvais. Bientôt, la gondole
s'ébranle et nous balance mollement sur
l'eau qui clapote à portée de la main : elle
avance en silence avec la rapidité de l'hi-
rondelle à la surface des canaux qui ser-

pentent à travers la ville. Ce sont comme des rues inondées qu'éclairent insuffisamment quelques rares becs de gaz disséminés çà et là, de loin en loin. Tout est calme autour de nous : seul le bruissement de l'eau qui glisse sur les bords de la barque frappe nos oreilles. Et nous voguons ainsi pendant longtemps emportés par le flot qui nous berce et nous endort, et nous souhaitons que les émotions que nous procure cette promenade, nouvelle pour nous, n'aient point de fin.

Malheureusement, la gondole s'arrête et nous rappelle à la réalité. Nous sommes à destination : il reste à franchir un pont improvisé et nous sommes dans un hôtel semblable à tous les hôtels que nous avons déjà fréquentés. Il est tard : donc ce soir, nous ne verrons rien ; seule, la petite course poétique que nous venons de faire sur l'eau, pourra nous faire rêver. . . . .

. . . .

. . . Nous faire rêver! Nous faire rêver! Mais c'est la nuit qui ne nous a pas fait rêver ! ce sont de vilains moustiques qui, sans cesse, nous ont torturés. Je n'exagère point ; car, ce matin, nous nous sommes trouvés littéralement dévorés.

Sont-ce là les agréments de Venise ? — Et non ! bien sûr : les canaux que nous avons à nos pieds, les beaux monuments que nous apercevons là-bas nous donnent une idée de ce que peut être Venise « la jolie » et nous sommes curieux d'aller bien vite nous pénétrer de sa poésie.

Alors, nous faisons contre mauvaise fortune bon cœur. De bonne heure, nous nous dirigeons vers la belle et originale place Saint-Marc. Ah! ce ne sont que monuments

grandioses et impressionnants à la fois.
La place est là, entourée de palais que l'on
désigne, l'un sous le nom de Procuraties
Vieilles, et l'autre sous celui de Palais
royal ou Procuraties nouvelles ; l'un et
l'autre sont une dépendance du Palais ducal que l'on entrevoit plus loin : sous les
arcades des palais, se trouvent de beaux
magasins où l'on vend la verroterie, la remarquable verroterie de Venise, les belles
dentelles vénitiennes, etc., etc. C'est encore, à l'autre extrémité de la place, la
haute tour de Saint-Marc qui semble dominer et la ville et la mer; l'Eglise Saint-Marc à l'architecture riche mais originale
avec sa multitude de dômes, ses mosaïques,
ses tableaux, ses sculptures. Il paraît
qu'elle est, en petit, la copie de Sainte-Sophie de Constantinople dont elle renferme un grand nombre de dépouilles

apportées ici aux temps des Croisades.

A côté, sur la petite place (la Piazzetta), en face de la mer, s'élève, sur une colonne mince et élancée, le Lion ailé de Saint-Marc, symbole de la puissance de l'ancienne république de Venise.

Maintenant, c'est le moment de parler du fameux Palais ducal, où les doges de Venise, ces rois de la mer, exerçaient autrefois leur puissance.

Palais aux formes étranges et sévères, vu de l'extérieur, son aspect change tout à fait si l'on pénètre au dedans. Ici, ce ne sont que des chefs-d'œuvre de peinture et de sculpture : immenses salles où se tenaient les conseils du gouvernement; tribunaux où étaient jugés les traîtres à la patrie, notamment le fameux Conseil des Dix où siégeaient des hommes masqués qui condamnaient aux peines suprêmes tous ceux qui portaient ombrage à la puissance jalouse des doges; cachots ténébreux où étaient enfermés ceux que la sentence venait de frapper; tout près de là, le Pont des Soupirs, de triste mémoire, où passaient, pour la dernière fois, vingt-quatre heures avant leur mort, tous ceux qui devaient irrévocablement subir la peine capitale. On montre même, à côté, l'ouverture étroite par où était jeté, après l'exécution, le cadavre qu'une gondole venait recevoir pour aller le faire disparaître au loin dans la mer.

Mais, que tout cela est donc lugubre, ma chère amie, et combien nous sommes loin de ces rêves aériens que nous forgeait notre imagination avant d'arriver à Venise!

Tout n'est pas là heureusement. La mer est si près; le soleil est si gai, que c'est le moment d'aller faire, en plein jour, cette fois, une promenade en gondole, d'admirer ces beaux palais de marbre qui projettent dans l'eau leur immense silhouette; ces belles églises, vrais chefs-d'œuvre tant à l'extérieur qu'à l'intérieur; le pont de Rialto jeté sur le *Canal grande* et sur les deux côtés duquel existent de nombreux magasins où l'on vend les spécialités de Venise; le *Canal grande* aux plis sinueux qui se déroule comme un serpent au milieu de la ville; cette animation des canaux que sillonnent de nombreuses gondoles; le sifflement réjoui des bateliers, parfois leurs cris annonçant aux autres barques leur approche, etc., etc.

Au loin, du côté du levant, apparaissent plusieurs îles parmi lesquelles le Lido chanté par les poètes, où, l'été, on vient prendre des bains. Au sud, en face de la

Place Saint-Marc, ce sont les îles de la Giudecca et de Saint-Georges-Majeur.

Nous avons presque fait le tour de Venise, et notre gondolier, aux allures alertes, nous ramène aux pieds du Lion de Saint-Marc. Il est juste deux heures : et, sur la place, aux premiers coups de l'horloge, s'abat une nuée de pigeons qui viennent manger le grain que, par ordre de la municipalité, on leur jette tous les jours à pareille heure.

Il paraît qu'un riche Vénitien a légué une somme à la ville pour qu'il soit pourvu à la nourriture de tous ces pigeons qu'il est défendu, sous menace de peines sévères, de tuer. Aussi, rien d'étonnant à ce qu'ils soient complètement apprivoisés, personne n'osant leur faire du mal. Ils viennent se reposer sur votre épaule, sur votre tête, mangent dans votre main le grain que vous leur présentez. Heureux pigeons que les pigeons de Venise, que ni la serre des oiseaux de proie, ni la main des hommes n'atteignent jamais ! Pourquoi faut-il que notre vie ne soit pas aussi inviolable que la leur ?

Après avoir terminé notre promenade sur l'eau, sur les canaux qui serpentent à travers toute la ville, il convient de parcourir les rues ; car il ne faudrait pas s'imaginer que Venise soit tout entière dans l'eau. Il y a des places, notamment la place Saint-Marc dont je t'ai déjà parlé, des rues, des ruelles, des magasins de tout ordre, par exemple, des librairies où, à notre grand étonnement, ne sont guère exposés en vitrine que des ouvrages d'auteurs français tels que Zola, Paul Bourget, Georges Ohnet, etc., tout le dessus du panier de la littérature actuelle, comme tu le vois.

Nous ne sommes donc pas en pays perdu ; et la France n'est pas aussi éloignée que tu peux le supposer.

Je me sens un peu fatiguée après toutes ces courses. Nous rentrons pour nous reposer un peu ; et je profite de ce temps pour te retrouver et converser avec toi : c'est un repos qui m'est agréable et bien doux.

Ce soir, nous irons jouir du spectacle nocturne donné par Venise ; car la musique jouera sur la place Saint-Marc. Nous aurons bien garde de ne pas y manquer.

Que ne t'ai-je avec moi, très chère amie ; nous jouerions à deux, sur le piano de l'hôtel, notre morceau « *Venise* » qui, sans toi, n'a point d'expression ! . . . . .

. . . .

Mardi, 30 octobre. Midi.

Nous allons partir et faire, en nous dirigeant vers la gare, notre dernière promenade en gondole pour dire adieu à Venise.

Nous sommes allés, comme je te l'ai dit, entendre hier au soir la musique sur la place Saint-Marc, sur le bord de l'eau. Et quelle est poétique, Venise, vue le soir du rivage de la mer ! Semblable à une reine assise au bord des eaux, elle frappe d'admiration par ses joyaux et ses richesses artistiques ceux qui viennent la visiter. Que ne nous est-il donné de fixer ici notre séjour et de jouir toujours du magnifique spectacle que nous avons sous les yeux ! Mais cela est impossible.

Mon rêve est donc accompli ! j'ai vu Venise. Maintenant il ne me reste plus qu'à rêver.

A bientôt.

VI

BOLOGNE

Bologne, le 31 octobre 189..

Comme je te l'écrivais hier, nous nous sommes, en effet, avant de partir, promenés une dernière fois en gondole, sous un éclatant soleil qui rendait plus gai le long chemin que nous avions à parcourir pour arriver à la gare. Nous avons donc définitivement quitté Venise, passant pour la seconde fois sur l'immense pont que nous n'avions pas vu encore pendant le jour, sur ce pont de plusieurs kilomètres de longueur, qui constitue l'unique communication que puissent avoir les Vénitiens avec la terre, sans employer les bateaux. Tu ne me croirais pas, n'est-ce pas, chère amie, si je te disais que nous ne nous sommes pas retournés bien des fois pour jeter un dernier coup d'œil sur cette ville du rêve que, probablement, nous ne reverrons jamais.

Mais, elle disparaît bientôt à nos yeux. La locomotive se précipite toujours en avant comme si elle avait hâte de faire disparaître le ravissant tableau que nous laissons derrière nous.

Pendant plusieurs kilomètres, nous suivons la même ligne qu'à l'arrivée. Nous voici à Padoue où nous nous sommes déjà arrêtés quelques minutes en allant à Venise. Mais maintenant, nous avons fini de reculer : nous allons descendre vers le sud dans la direction de Bologne où nous voulons séjourner quelques heures.

La plaine, toujours la plaine, encore la plaine : nous sommes toujours en Vénétie. Cependant quelques mamelons apparaissent enfin, venant jeter quelque diversité à travers cette campagne trop plate. Mais, ils ne se maintiennent pas longtemps. Nous arrivons bientôt à l'immense plaine du Pô, à la plaine sans fin, à travers laquelle coulent, loin les uns des autres, les nombreux bras de ce fleuve, qui inondent parfois, à perte de vue dans tous les sens, la région tout entière. Et alors, c'est la misère et la désolation dans tout le pays !

Le train marche sans cesse. Après Rovigo, situé non loin de l'Adige, voici, après bien des kilomètres, Ferrare, l'une des plus importantes villes de la Romagne. Mais la nuit arrive, et nous n'avons plus sous les yeux cette plaine qui, à la fin, devient par trop désespérante. Et alors, nous rentrons en nous-mêmes et nous nous rappelons les beaux jours passés, ces beaux jours où nous vivions dans le rêve, attendant avec impatience l'arrivée de cet instant si désiré où nous serions pour toujours l'un à l'autre. Tandis que l'imagination nous emporte sur ses ailes vers le lointain pays où nous avons fait nos rêves d'or, voilà que le train stoppe. Nous sommes en gare de Bologne ; nous avons atteint notre but.

A la mode des voyageurs et comme des voyageurs toujours en marche que nous sommes, nous allons à l'hôtel où nous sommes attendus. Il fait nuit ; à quoi pourrons-nous consacrer notre soirée ? encore une fois, sans doute, allons-nous être obligés de rester enfermés dans notre chambre, ce soir, puisque nous ne connaissons, ni la ville, ni ses plaisirs.

Mais voilà : on nous annonce que l'on joue « *Manon Lescaut* » au théâtre du *Corso*. A la hâte, nous faisons nos préparatifs. J'accepte, au départ, un mignon bouquet que m'offre galamment le maître d'hôtel qui, paraît-il, aime beaucoup les Françaises. Et nous voilà partis. La salle du spectacle ne diffère pas trop de celles de nos théâtres. Il est à remarquer cependant que les galeries, au lieu d'être établies sous forme de balcons en saillie, comme chez nous, sont placées en retrait : ce qui donne ici un caractère plus froid à la salle, par suite de l'absence de ce bouquet de grappes humaines qui, en France, sont suspendues au-dessus du parterre et donnent de l'animation à tout le théâtre.

Quant au reste, tout est à peu près disposé comme dans notre pays : la scène, le rideau, l'orchestre, tout est semblable. Mais le public nous paraît plus enthousiaste qu'à Paris et les applaudissements sont plus nourris. On sent que l'on est dans le midi !

Donc, on jouait *Manon Lescaut*, une pièce tirée d'un roman français du xviiie siècle, œuvre du licencieux abbé Prévost. Seul le sujet nous est connu ; quant aux paroles, elles ont été écrites par un auteur dramatique italien. C'est te dire que nous n'y avons presque rien compris, en raison de l'insuffisance de nos études sur la langue italienne.

Malgré tout, comme j'aime beaucoup le théâtre, je n'ai pas trouvé le temps long : la musique et les gestes suffisaient pour m'intéresser. Aussi est-ce à regret que je vois arriver minuit : ni les fatigues du voyage, ni le besoin de dormir ne se font sentir en moi. Heureusement ; car, à la sortie, nous avons failli nous perdre dans la ville et c'est à 'grand'peine que nous avons pu regagner notre hôtel. Enfin, nous sommes arrivés à bon port ; et un sommeil réparateur nous a dédommagés de notre déconvenue.......

..... Ce matin, alors que le soleil était déjà levé depuis longtemps, nous avons fait notre apparition dans la rue. Nous avons été vite orientés ; car la ville n'est pas très grande.

Bologne est bâtie au pied des derniers escarpements des Apennins ; de l'autre côté, s'étend, à perte de vue, la plaine de l'Émilie. Sa situation est splendide ; mais son aspect est froid ; à l'exception de quelques grandes voies, les rues sont généralement tortueuses, étroites et bordées de maisons à arcades : ce qui donne à la ville un caractère particulier de tristesse.

La place Victor-Emmanuel occupe le point central. Tout autour, s'élèvent les principaux monuments de Bologne : le Palais public qui sert d'Hôtel de Ville et de Préfecture, la Poste, la Basilique de Saint-Pétrone, la cathédrale de Saint-Pierre, le Musée civique, etc. Enfin ce qui, surtout, frappe d'étonnement l'étranger qui passe ici, ce sont deux tours penchées, les tours des Asinelli et Garisenda, dont la seconde perd tellement l'équilibre qu'elle semble sur le point de tomber.

C'est demain la Toussaint. Les habitants de Bologne vont, aujourd'hui, visiter les tombeaux de leurs morts et y apporter des couronnes et des fleurs. Nous les suivons.......

.... Nous voici au « *Campo Santo* », c'est le nom donné aux cimetières en Italie. Comme partout, les tombes des pauvres sont dispersées çà et là et ne portent qu'une petite croix sans autre ornement ; mais les monuments funéraires des riches sont autrement disposés : de longues galeries couvertes les protègent contre les intempéries du temps. Et la mesure est bien prise. Entièrement construits en beau marbre blanc de Carrare, ornés de belles sculptures, portant souvent l'image en relief de celui qui n'est plus, il eût été dommage que ces magnifiques tombeaux fussent devenus la proie des injures du temps.

Après avoir parcouru en tous sens le *Campo Santo*, nous nous retirons, suivant la foule recueillie, pénétrés nous-même de l'émotion qui gagne le cœur de l'homme toutes les fois qu'il entre dans un cimetière.

Le premier tramway qui passe nous apporte à Bologne : deux kilomètres à peine nous en séparent.

Le temps s'écoule rapidement dans ces excursions : l'heure de reprendre le train approche. Nous faisons rapidement nos préparatifs de départ et te disons adieu, ne sachant pas d'où sera datée ma prochaine lettre. Nous arrêterons-nous à Rimini, à Ancône ou à Lorette ? Je ne sais. Un avenir prochain nous le dira.

VII

LORETTE

Lorette, 1ᵉʳ novembre 189..

C'est donc Lorette qui a eu notre préférence. Nous l'avons choisie parce que c'est un lieu de pèlerinage dont on parle tant en France.

Que te dirai-je sur le voyage que nous avons fait pour y aller? Nous sommes partis de Bologne à l'entrée de la nuit; par conséquent, nous avons dû renoncer à voir le pays et la mer que nous avons longée pendant des heures sans pouvoir la contempler.

Mais, en revanche, nous étions seuls dans notre compartiment et nous causions de tout ce qui pouvait nous intéresser : du Vésuve que nous devions apercevoir bientôt ; de Pompéi, cette antique ville engloutie sous les cendres du volcan ; de Naples, de son golfe, de ses îles, de l'épisode de Graziella, que nous avions lu dans Lamartine, etc.

Rimini, Ancône défilent devant nous. Une heure de chemin encore et nous serons en gare de Lorette. Il est près de onze heures de la nuit : un dernier coup de sifflet se fait entendre, et nous voilà arrivés.

Petite gare, à l'éclairage bien rudimentaire. Quatre ou cinq voyageurs seulement descendent du train. De l'autre côté de la gare, quelques cochers, aux inénarrables voitures, se chamaillent entre eux, se menacent même pour savoir lequel d'entre eux portera les étrangers en ville.

Toutes ces disputes ne nous rassurent pas. Où va-t-on nous porter? Enfin, à la grâce de Dieu ! Le véhicule que nous avons choisi se met en marche à travers la nuit.

Tantôt les chevaux trottent, tantôt ils marchent au pas. Nous serpentons sur le penchant du coteau, n'apercevant, au loin, rien qui puisse nous annoncer que nous approchons de la ville.

Enfin, après une marche de plus d'une demi-heure, quelques rares becs de gaz apparaissent: c'est sans doute Lorette. En effet, c'est bien elle. La voiture nous dépose devant notre hôtel dont le personnel est endormi. Après avoir heurté à plusieurs reprises à la porte, on nous ouvre. C'est la maîtresse de maison elle-même qui est là : un flambeau à la main, les yeux tout pleins de sommeil, elle vient recevoir ses voyageurs qu'elle n'attendait assurément pas.

Dès les premières paroles prononcées, nous nous apercevons que nous ne nous entendrons pas : elle parle italien et nous, français. Heureusement que les signes sont éloquents et qu'il est facile de comprendre ce que l'on vient faire, à cette heure, dans un hôtel. On nous donne, paraît-il, la plus belle chambre de la maison ; et elle est bien loin de valoir celles que nous avons eues jusqu'ici. Le parquet est en brique, les meubles sont fort ordinaires : seul le lit est bon.

A Lorette, nous ne pouvions pas demander mieux.................
...... Les cloches nous réveillent de bonne heure : c'est la Toussaint. Une jour-

née splendide s'annonce. Sur la place de
la Madone, qui est devant nos fenêtres,
une foule agitée circule de toutes parts :
les uns entrent au sanctuaire, les autres
sortent. On se croirait presque dans une
des principales villes italiennes, tellement
est grande l'animation, ce jour-là. Il est
onze heures, la Messe chantée va commencer. Nous nous y rendons, afin de visiter l'église par la même occasion. C'est
une belle basilique qui malheureusement
n'est pas encore terminée. Au milieu, sous
la coupole, on aperçoit la « *Santa Casa* »
c'est-à-dire la maisonnette qu'habitait la
Sainte Vierge à Nazareth et que les
anges, prétend la légende, ont transportée
à travers les airs au lieu où elle se trouve
actuellement. C'est un petit local bâti en
briques rouges et au plancher duquel sont
accrochées, à titre d'ex-voto, de nom-

breuses suspensions qui, en ce moment, sont toutes allumées. Dans un coin, on aperçoit une petite écuelle en bois noir où l'on dépose les objets que l'on veut faire bénir : c'est, paraît-il, l'écuelle dans laquelle mangeait la Sainte Vierge.

Mais la Messe est commencée. Une foule bariolée y assiste. Ce sont des hommes habillés à peu près comme le sont les paysans de nos campagnes françaises et des femmes aux costumes bien différents des nôtres. Elles portent le corset sur leurs habits ; leur cou est enguirlandé de massives chaînes d'or ou de cuivre peut-être ; leurs bras ne sont cachés que par les manches de leur chemise aux multiples petits plis. Le tout formant un ensemble original que nous n'avions point encore vu en Italie.

Tout ce monde circule, va, vient, cause, prie pendant que le prêtre, à l'autel, célèbre la Messe, et que le chant résonne sous les voûtes de la basilique.

A la sortie, sur la place, de nombreux petits marchands d'objets pieux nous importunent vainement de leurs offres.

Il est midi. Après notre déjeuner, nous devons aller voir la mer qui paraît à deux pas de Lorette, mais qui, en réalité, en est plus éloignée qu'on ne pourrait le supposer. Nous faisons donc nos petites provisions en conséquence, emportant un petit goûter; et nous partons.

Une foule nombreuse semble se diriger vers un même but : nous marchons à sa suite. Une fête, peut-être, a lieu dans quelque hameau voisin de Lorette; la musique joue et le public est là-bas réuni. Que se passe-t-il ? — C'est le cimetière qui, placé à une assez grande distance, attire, comme chez nous, la population. Il est orné de mille lanternes, destinées à l'illumination qui aura lieu ce soir.

Et l'on voit partout des hommes et des femmes à genoux sur la tombe de leurs morts. Nous jetons un coup d'œil en passant sur ce cimetière, qui est naturellement bien moins beau que celui de Bologne.

Notre but est la mer. Qu'il me tarde donc de pouvoir la contempler! Malheureusement, nous n'arrivons jamais; et la voilà tout près, nous semble-t-il! Notre impatience augmenterait-elle donc la longueur du chemin?

Nous sommes enfin sur la plage! Les vagues viennent se briser sur le rivage et une nappe d'écume glisse, glisse sournoisement jusqu'à nos pieds, qui se laissent surprendre, et je pousse un cri! Si la mer m'entraînait? Mais elle n'est pas méchante, bien qu'elle moutonne un peu au loin ; elle ne veut pas me faire de mal ; il semble, au contraire, qu'elle se fasse belle pour que je l'admire. Et, en effet, quel spectacle saisissant que cette mer qui s'étend au loin comme une plaine bleue sans fin, une plaine que diversifient seulement les vagues moutonnantes qui viennent se ruer avec un bruit étourdissant contre les rochers du promontoire voisin.

Et je me rappelle ces vers du poëte :

La mer ! J'aime d'amour ses plaines chatoyantes.
L'azur de ses reflets, l'éclat de ses brisants...

C'est là, la mer si belle, la mer si profondément aimée du marin. Oui, chère Marie-Thérèse, elle nous a émus, elle nous a parlé plus éloquemment que ne peuvent le faire les plus grandioses œuvres des hommes, si pauvres et si mesquines à côté du beau, du grand, du sublime de la Nature.

Nous aurions aimé, tous deux, à nous asseoir sur la plage, et, entrelacés, à contempler en silence cet admirable tableau. Malheureusement une idée plus matérielle nous préoccupe : même, au milieu de notre émotion, il faut songer à rentrer. C'est loin Lorette ; et la nuit arrive ! Nous repartons, non sans jeter un dernier regard sur la mer que nous allons laisser derrière nous.

Le chemin, cette fois, semble moins long ; la mer nous a enthousiasmés, et nous ne songeons point à la fatigue jusqu'à ce que nous nous trouvions perdus au bas de Lorette que nous voyons là devant nous sans pouvoir l'atteindre, égarés que nous sommes au milieu de l'inextrible fouillis de sentiers qui y conduisent ; car, chère amie, je dois te dire que la ville est perchée sur une colline dont les flancs sont recouverts d'une grande quantité d'arbres qui nous empêchent de voir les replis tortueux des routes qui y aboutissent.

Enfin, le supplice est terminé : nous avons trouvé la bonne voie. Il n'était que temps ; car l'obscurité est bientôt complète autour de nous.

Reste, maintenant que nous avons dîné, à payer nos dettes, énormes, ma foi ! pour une aussi petite ville, et à nous reposer pour partir demain au lever du soleil.

Notre voyage continue donc toujours ; et, petit à petit, nous aurons à déplorer la rapidité avec laquelle le temps fuit et nos plaisirs avec lui.

Adieu ; à bientôt de mes nouvelles.

VIII

FOGGIA

Foggia, le 2 novembre 189..

Nous voilà au chef-lieu de la province de Capitanate, situé un peu au-dessous de l'éperon de la botte d'Italie. Nous sommes ici tout près de la Grèce : une traversée de quelques heures, et nous serions à Athènes.

Mais, ce n'est pas là le programme de notre voyage; et c'est, avec quelques regrets que, demain, au lieu d'aller vers l'Orient, vers le pays du soleil, nous nous dirigerons vers Naples et le Vésuve, qui ont aussi leur poésie et leur charme.

Foggia n'a rien de remarquable. C'est une ville de grandeur moyenne, qui n'a pas de monuments et dont les habitants paraissent bien pauvres. Cependant elle est bâtie au milieu d'une immense plaine qui semble fertile.

Sans le voyage que nous venons de faire de Lorette ici, je n'aurais rien de bien intéressant à te dire. Mais si l'arrivée à Foggia nous a laissés indifférents, nous n'en avons pas moins passé une journée des plus agréables.

Partis, ce matin, de Lorette vers huit heures, nous nous sommes trouvés au bout de quelques minutes au bord de la mer que nous devions longer constamment pendant plus de deux cents kilomètres. La ligne suit toujours le rivage,

paraissant comme étranglée entre la mer
et les dernières ondulations des Apennins
dont les sommets les plus élevés bleuissent au loin vers l'ouest. Leurs pentes les
moins élevées sont couvertes d'oliviers
et d'autres arbres sur lesquels viennent
s'appuyer les rameaux encore verts de
la vigne.

Et, pendant que nous sommes ravis
d'admiration devant ce tableau où se trouvent réunies, en même temps, la mer,
la montagne et les vallées où s'épanouit
la luxuriante nature, nous voyons passer
successivement devant nos yeux Castellamare, Adriatica Pescara, Termoli, etc.,
qui viennent diversifier le paysage.

Puis la ligne semble, comme à regret,
s'éloigner de cette mer que nous admirons
depuis de longues heures. Elle s'enfonce
dans les terres pour, un peu plus loin,

revenir furtivement sur le bord de l'eau, jusqu'à ce que, lasse de ce jeu de cache-cache, elle se décide, définitivement, à entrer dans la plaine qui conduit à Foggia. Plaine à l'aspect désolé, couverte de bruyères et d'arbres venus au hasard, toute ravinée par les eaux, presque inculte, à travers laquelle on voit au pâturage des troupeaux innombrables de bœufs, de chevaux et de moutons : c'est la plaine de la Pouille.

Tandis que Foggia approche, nous apercevons dans la campagne de longues files de cavaliers marchant à la queue leu leu, semblables à une procession de fourmis noires allant à la conquête de leur pâture journalière. Où vont ces cavaliers ? D'où viennent-ils ? Mystère. Peut-être, eux aussi, vont-ils à la recherche de leur nourriture !

Enfin *Foggia*! *Foggia*! — Nous sommes en gare. Ma lettre se termine ici. Demain ou après-demain, je t'écrirai de Naples ou de Pompéi.

IX

NAPLES

Naples, le 3 novembre 189..

« *Vedere Napoli e morire,* » disent les Italiens : « Voir Naples et mourir. »

Nous disons, nous, voir Naples, l'admirer et vivre ! Nous l'avons donc atteint le grand but de notre voyage !

Mais, laisse-moi, avant de te dépeindre le beau spectacle que nous avons sous les yeux, te dire quelques mots du voyage que nous avons fait aujourd'hui.

En quittant Foggia, la voie traverse,

pendant encore quelque temps, la plaine dont nous avons parcouru une partie hier. Et, en nous retournant, nous apercevons la ville dont l'aspect, avec ses maisons blanches, sous le ciel bleu d'Italie, ressemble à celui d'une cité orientale bâtie au milieu du désert.

Et nous sommes bien dans le désert. La ligne s'engouffre bientôt dans les gorges désolées, aux pentes abruptes, aux habitants peu nombreux et misérables, des Apennins dont nous allons traverser la chaîne de l'est à l'ouest. Le chemin de fer roule presque continuellement sur les bords d'un torrent dont le lit, suivant la mode des cours d'eaux italiens, est presque à sec. Ce sont des ponts nombreux jetés sur le torrent, des travaux d'art destinés à protéger la voie, pendant l'hiver, contre les eaux, des tunnels importants dont l'un a une longueur, paraît-il, de plus de trois kilomètres.

Il y a peu de grandes gares sur cette ligne. A peine peut-on citer celle de Bénévent (*bon vent*), qu'on appelle ainsi, sans doute, à cause de la violence des vents qui y règnent et celle de Caserte.

D'ici, par exemple, le coup d'œil est magnifique. On a devant soi la splendide plaine de Naples, toute couverte de verdure, d'arbres fruitiers, de vignes, d'orangers; oh! les orangers! A l'extrémité, là-bas, vers le couchant, s'élève une montagne dont le sommet est couronné d'une sorte de long nuage blanc qui va se perdre au loin du côté de la mer : c'est le *Vésuve*.

Et tandis qu'en nous rapprochant de Naples, nous pensons avoir le loisir de le contempler de plus près, voilà que le chemin de fer se dissimule au milieu des arbres qui couvrent la plaine et qui nous empêchent de voir.

Heureusement que nous sommes dans le voisinage de Naples où nous devons séjourner et d'où nous pourrons admirer le volcan à notre aise, en attendant que nous lui fassions notre visite.

Assez pour aujourd'hui, je te laisse rêver....

X

POMPÉI

Pompéi, le 4 novembre 189..

Allons, ma petite amie, ne rêve plus; réveille-toi, au contraire. Nous arrivons du Vésuve et, en passant, nous avons même visité Pompéi. Ecoute-moi.

La nuit, comme tu peux le supposer, a paru longue à notre impatience. A sept heures du matin, nous étions debout, la tête à la fenêtre, contemplant le golfe, qui est devant notre hôtel, les mâts des navires, le mouvement des quais, et là-bas, vers le sud-est, le panache de fumée qui domine le Vésuve et qui nous attire comme une sorte d'aimant.

A la hâte, nous nous rendons à la gare; deux billets aller et retour pour Pompéi et en avant! La ligne longe les flots du golfe, passe auprès de nombreuses maisonnettes de marins que surmonte un toit en terrasse et auprès desquelles sont étendus les divers filets servant à la pêche.

Le train file rapidement : voici Portici, Herculanum, Torre del Greco, Torre dell' Annunziata, enfin Pompéi, tout autant de villages placés au pied du Vésuve et que le même sort attend si le volcan irrité vient, un jour, à secouer ses entrailles jusque dans les profondeurs de la terre.

Espérons qu'il ne sera pas fâché aujourd'hui et qu'il nous recevra pacifiquement.

Sans peur et confiants dans notre étoile,

nous prenons à Pompéi même nos billets d'excursion. Sans retard, car il est plus de neuf heures, nous montons en voiture et nous voilà sur la route poudreuse qui, par Torre dell'Annunziata, conduit au village de Boscotrecase, situé exactement à la base du Vésuve. Là, nous remercions notre cocher et prenons des chevaux de selle. Deux guides nous accompagnent. Et nous caracolons sur le sentier étroit qui serpente à travers la cendre noire du volcan. Un soleil bien chaud, un vrai soleil du midi, darde ses rayons sur nous et nous laisse deviner la peine que nous prendrions, bien que nous soyons en novembre, si nous voulions faire l'ascension à pied. Des vignes qui produisent le Lacryma-christi, s'étendent de chaque côté du sentier. Et ce vin dont la réputation est si grande, nous y avons goûté... En réalité, nous ne lui avons pas trouvé de qualités extraordinaires. Tout ce que nous pouvons dire, c'est que nous en avons bu au pied du Vésuve, à mi-côte du Vésuve et au sommet du Vésuve.

Lorsque la vigne cesse, ce sont les pins, des pins rabougris, qui apparaissent. Puis, rien, plus rien : de la cendre, des coulées de lave, immenses quartiers de scories noires, vomies par le volcan. Le chemin se poursuit en zigzag sur les flancs de la montagne; nos chevaux essoufflés se refusent à marcher et nos guides les stimulent à coups de bâton et à coups de pierres qu'ils leur lancent, sans se troubler, dans les jambes. Oh ! les méchants !

Mais un moment vient où la pente est trop rapide : nous sommes obligés de laisser là nos montures entre les mains d'un des guides, tandis que l'autre nous accompagne, à travers les blocs de lave, jusqu'au sommet où je ne croyais jamais arriver, tant la marche était pénible.

L'ascension n'a heureusement duré qu'une demi-heure environ.

Nous voici au sommet du Vésuve, à plus de 1.200 mètres au-dessus du niveau de la mer. Le sol, ici, est presque uni. Çà et là, d'étroites fissures laissent échapper de petits jets de vapeur ; et, un peu plus loin, une immense gerbe de fumée se précipite, accompagnée d'un bruit effroyable, à travers les airs ; deux pas encore et nous sommes sur le bord du gouffre.

Imagine-toi, bonne petite amie, une colossale cavité béante, profonde d'une centaine de mètres, peut-être, et dont le diamètre est trois ou quatre fois plus grand.

Ses parois se dressent presque à pic,

et, au milieu, apparaît une large ouverture par où, du sein de la terre, le volcan rejette sans cesse des fragments de matières incandescentes, qui sont projetés dans les airs à des hauteurs considérables et qui viennent retomber, çà et là, en grésillant, au centre du cratère.

Et ces explosions, qui éclatent à chaque instant, sont accompagnées de puissantes détonations qui seraient de nature à épouvanter les plus courageux si l'on n'en connaissait la cause.

Pense comme je devais être rassurée, en présence d'un tel spectacle, moi qu'un rien épouvante ! J'étais si contente de monter au Vésuve et voilà que maintenant j'ai peur. Oh ! si une éruption venait à se produire !

J'ai hâte de descendre. Cependant, nous ne pouvons pas quitter ce sommet sans nous extasier un instant devant l'admirable panorama qui se déroule sous nos yeux éblouis.

Sur les pentes du Vésuve, s'aperçoivent des coulées de lave se dirigeant de toutes parts, comme pour tenter d'engloutir les maisons et les villages qui ont été bâtis au pied du volcan. Un peu plus loin, c'est le ravissant golfe de Naples; ce sont les îles de Procida, d'Ischia qu'un tremblement de terre a bouleversée, il y a quelques années, Capri, l'ancienne Caprée où l'empereur Tibère exerçait ses cruautés; c'est le cap Misène; c'est Pouzzoles; c'est le Pausilippe auprès duquel se passe la scène de la Graziella de Lamartine; c'est Naples avec ses innombrables maisons blanches construites en amphithéâtre au pied de la montagne; c'est Herculanum; c'est, au sud, Pompéi, toutes les deux détruites par le volcan que nous foulons aux pieds ; c'est Castellamare ; c'est Sorrente ; c'est la mer de Sorrente chantée par le poète des *Méditations* ! C'est peut-être le tableau le plus ravissant qu'un homme puisse avoir à contempler dans sa vie !

Nous ne nous lasserions pas d'admirer, mais il nous reste encore à voir Pompéi avant de rentrer, ce soir, à Naples. Et puis, il est temps d'aller reprendre des forces ; car nous n'avons déjeuné aujourd'hui que d'un œuf, cuit au milieu de la lave au sommet du Vésuve, et d'un pauvre morceau de pain, le tout arrosé d'un peu de Lacryma-christi.

Et nous nous précipitons en courant, les pieds enfoncés dans la cendre jusqu'à la cheville, vers l'endroit où nous avons laissé nos montures.

Nous voilà bientôt en selle, malgré les

caprices de mon cheval *Macaroni*, qui se passerait bien de me porter.

Nous descendons les lacets de la montagne. Nous marchons vite; en peu de temps, nous arrivons aux pins, puis à la vigne. Un petit trot encore ; et nous voilà à Boscotrecase, où nous reprenons notre voiture. Vingt minutes après, nous sommes à Pompéi, où nous prenons rapidement un repas assez confortable. Il est près de trois heures ; nous n'avons pas de temps à perdre si nous voulons visiter les ruines.

L'entrée est à côté de l'hôtel ; nous passons au tourniquet et nous sommes dans l'antique Pompéi.

On y pénètre par la Porte-Marine qui donnait autrefois sur le rivage et qui en est éloignée aujourd'hui de plus d'un kilomètre. La ville est entourée, de toutes parts, de puissantes murailles ; mais les fouilles n'en ont encore mis à découvert que la moitié à peu près. Les rues sont droites en général et très étroites; un grand nombre le sont tellement qu'on peut presque les franchir d'une seule enjambée ; elles sont pavées de grands blocs de lave sur lesquels on aperçoit encore les ornières profondes creusées par les voitures ; elles sont bordées de trottoirs très élevés que l'on descend difficilement. Aussi, de temps en temps, de gros blocs de pierre sont placés, au milieu de la rue, pour faciliter le passage d'un trottoir à l'autre.

En plusieurs endroits, existent encore les fontaines qui fournissaient l'eau aux habitants de Pompéi ; mais les sources en sont taries.

Les maisons sont généralement basses. Elles ont rarement un premier étage au-dessus du rez-de-chaussée et sont toutes construites à peu près sur le même modèle : deux cours intérieures environnées de galeries couvertes et d'appartements : l'une destinée, dit-on, à recevoir les visiteurs et l'autre appropriée à la vie privée. Les appartements ont conservé, en partie, leur décoration ; les peintures, qui ornaient les murs, sont encore en bon état. Mais que de rouge, mon Dieu ! Pourquoi les Romains aimaient-ils tant le rouge ?

Comme monuments publics, on remarque le Forum où se trouvaient les tribunaux et où était le centre des affaires, le temple de Jupiter avec des débris de colonnes dont quelques-unes sont encore debout, le temple d'Auguste, le temple d'Isis, les théâtres, l'arène de gladiateurs, les thermes ou bains publics, etc., etc.

Pardonne-moi, chère amie, si j'ai ajouté

à ma missive tant de détails fastidieux ; mais les ruines ne sont pas toujours poétiques. Que peut-on y remarquer, sinon ce qu'on y trouve, c'est-à-dire l'évocation lugubre du passé ?

Après une aussi captivante lecture, tu seras peut-être lasse ; mais on ne reçoit pas tous les jours des lettres de Pompéi.

Je t'embrasse donc ; car j'ai hâte, à mon tour, de me reposer de cette excursion qui, je te l'assure, n'est pas peu fatigante.

A demain.

XI

NAPLES (*suite*

Naples, le 5 novembre 189..

Encore une autre lettre datée de Naples : ce sera la dernière, cette fois. Je me contenterai de te donner quelques détails sur la ville.

Je t'ai déjà dit que Naples est bâti en amphithéâtre au pied de la montagne. La ville est dominée, d'un côté, par le Château Saint-Elme qui servait autrefois de citadelle et qui a été transformé aujourd'hui en prison militaire ; de l'autre, par le Palais royal de Capodimonte, qui était la résidence d'été des rois de Naples. De ces deux points de vue, on jouit d'un coup d'œil ravissant : on a devant soi le golfe de Naples et, au loin, le Vésuve avec son éternel panache de fumée ; à ses pieds s'étend la ville avec son port, ses quais, ses places, ses promenades.

Devant notre hôtel, nous avons précisément la *Villa Nazionale*, magnifique jardin dont la longueur n'est pas moindre de deux kilomètres. Tous les soirs, avant l'heure du dîner, les beaux messieurs et les belles dames de Naples viennent étaler là leurs coquets équipages et leurs brillantes toilettes. Et jusqu'à l'entrée de la nuit, c'est un défilé perpétuel de voitures de maître auxquelles viennent se mêler, de temps en temps, des voitures de louage dans lesquelles se prélassent des gens à la fortune modeste mais à l'orgueil bien grand, dont l'idéal serait d'être confondus par la foule avec les propriétaires des autres équipages.

Je ne me doutais pas, chère amie, alors qu'ensemble nous lisions Graziella, qu'il me serait donné de voir un jour le lieu où se passe la scène, ce quartier de Margellina où habitaient les parents de la jeune fille, ce rocher du Pausilippe où était accrochée leur barque, cette barque dans laquelle Lamartine montait pour aller faire ses excursions en mer, du côté de l'île de Procida. Tout cela se trouve justement à deux pas de notre hôtel.

Combien il serait à désirer que notre séjour se prolongeât plus longtemps à Naples, afin de pouvoir visiter avec soin tous les endroits où le poète transporte son héroïne : la grotte du Pausilippe,

Pouzzoles, le golfe de Baïa, l'île de Procida, le cap Misène, la côte de Cumes, etc.

Mais notre temps est compté. Allons, si tu veux, faire une promenade en ville. Naples, dont la population est d'environ 500.000 habitants, est une cité très active et très mouvementée. Une foule nombreuse circule et s'agite sans cesse sur ses quais, dans ses rues, sur ses places. La rue Rome, notamment, qui est la plus belle de la ville, est aussi animée que beaucoup de rues de Paris : ses trottoirs sont encombrés de monde ; des voitures nombreuses, des tramways, des chars roulent constamment sur la chaussée. De belles galeries couvertes, les galeries Humbert Ier, qui sont imitées de celles de Milan, se trouvent à côté et produisent, le soir, un effet magnifique sous la clarté des lampes électriques qui sont suspendues à leurs voûtes.

Les églises sont fort nombreuses et généralement très ornées : ce qui est la règle en Italie. Comme monuments publics, on remarque encore le Palais royal, le Château-Neuf, le Musée, etc. Ce dernier attire surtout notre attention, parce qu'il renferme les objets trouvés à Pompéi.

C'est un vaste palais situé à l'extrémité de la rue Rome. Il renferme un nombre considérable de statues et d'objets d'art de toutes sortes, provenant des fouilles, soit de Pompéi, soit d'Herculanum, soit d'autres lieux de l'Italie ancienne. Ce sont des dieux, des déesses, des bustes d'empereurs, des groupes de marbre ou de bronze, etc.

Dans une des galeries du musée, on montre les aliments dont se nourrissaient les habitants de Pompéi : des petits pains ronds en forme de massepain, des figues, des prunes, des pois, etc., le tout carbonisé mais ayant conservé sa forme et ses dimensions primitives. On y voit encore des rouleaux brûlés de papyrus, dont on a réussi à lire l'écriture. Deux salles sont réservées aux objets d'un usage domestique tels que : coffres-forts, ustensiles de cuisine, amphores destinées à recevoir le vin et à le conserver. Dans un cabinet particulier, sont exposés les bijoux : colliers, bagues, bracelets, médaillons, etc. dont se paraient les dames d'autrefois.

Il existe même un petit local dont l'entrée est interdite aux femmes et aux prêtres : c'est le *musée secret*. Je ne t'en parlerai pas ; mon mari, qui l'a visité, n'a pas voulu me dire ce qu'il y avait vu.

Je ne m'ennuierais pas avec toi, chère

Marie-Thérèse ; et vois comme je tiens parole : moi qui devais être courte, voilà que ma missive est presque aussi longue que les précédentes. Il est difficile de se borner. Cependant, nous allons quitter Naples. Aussi, je me vois obligée de clore ici ma lettre.

XII

ROME

Rome, le 6 novembre 189..

A huit heures, ce matin, nous étions sur la route de Rome. Au départ, nous avons suivi une autre ligne que celle qui nous a conduits à Naples : ce qui ne nous a pas privés du plaisir de passer encore une fois à Caserte où nous avons cessé de voir le Vésuve.

Adieu donc, beau ciel de Naples et souvenirs agréables que nous laissons derrière nous !

Et tandis que nous nous remémorons les choses déjà passées, le train traverse la riche plaine connue sous le nom de *Terre de Labour*. Bientôt nous sommes à Capoue, remarquable, dit-on, dans l'antiquité par la mollesse de ses habitants. Plus loin, la voie traverse une contrée accidentée entre deux chaînes de montagnes. Bientôt apparaît Cassino auprès duquel, sur une hauteur fort respectable, est perché le monastère du Mont-Cassin, fondé par saint Benoît, comme tu ne l'as sans doute pas oublié.

La voie traverse ensuite, pendant de nombreux kilomètres, un pays pittoresque où n'apparaît aucune ville importante. Enfin nous arrivons à la campagne romaine. Au loin, vers le nord, au milieu d'une grande plaine, on distingue des dômes, des monuments élevés :

c'est *Rome*, c'est la Ville Éternelle !

Jusqu'à ce que nous y soyons arrivés, nous allons parcourir un grand désert, presque sans culture, sans habitants. Pas de maisons : rien que des débris informes d'anciens monuments romains. Cette nature désolée semble porter le deuil de ce que fut Rome dans l'antiquité. Si la plaine est inculte, si elle est inhabitée, c'est qu'elle est insalubre, c'est qu'il y règne la fièvre paludéenne, la maudite *Malaria*.

Et tandis que le train roule, les vieilles ruines deviennent plus nombreuses : c'est que Rome approche. Pendant plusieurs kilomètres, nous longeons un ancien aqueduc restauré dont l'ombre des arcades se projette sur la voie. Enfin ce sont les antiques fortifications délabrées de la ville ; ce sont les faubourgs extérieurs ;

c'est la gare centrale, c'est Rome, notre but d'aujourd'hui !

Sur le quai intérieur de la gare et au moment où nous allons présenter nos billets au contrôle, nous sommes accostés par un de nos amis, M. Paul Gariti, ce jeune poète d'avenir dont nous avons si souvent prononcé le nom. Il ne nous avait jamais vus ; mais une photographie qu'il avait eue entre les mains, lui a permis de reconnaître mon mari.

Bien qu'il n'ait eu jusqu'ici avec nous que des relations d'ordre exclusivement littéraire et intellectuel, il nous a accueillis avec un empressement admirable et avec une effusion tout italienne. Il est vrai de dire que cette réception enthousiaste ne nous a pas surpris : les nombreuses lettres pleines de sentiments amicaux qu'il nous avait écrites avant notre voyage, nous avaient fait connaître à fond la bonté de son cœur.

Avec une amabilité sans égale, il a bien voulu se mettre à notre entière disposition pour nous faire visiter Rome. La proposition était faite sur un ton si plein de franchise qu'il nous eût été bien difficile de ne pas l'accepter.

Il était une heure et demie de l'après-midi. Nous avons donc eu largement le temps de jeter un coup d'œil d'ensemble sur l'antique cité qui fut la Capitale du monde civilisé et qui est encore, malgré la déchéance où elle est tombée, la Capitale du monde catholique.

Sans perdre de temps et après nous avoir seulement accordé un moment pour réparer le désordre de notre toilette, M. P. Gariti nous fait monter en voiture et nous conduit à travers la ville dont il va nous montrer, en passant, les principales curiosités.

A côté de la gare, nous passons auprès des ruines des Thermes de Dioclétien ; de là, nous prenons la rue Nationale, l'une des principales artères de Rome et, arrivés à la place de Venise, nous suivons dans toute sa longueur le Corso, qui est un peu, ici, au point de vue de l'animation, ce qu'est le boulevard des Italiens à Paris. A son extrémité, se trouve la place du Peuple et, tout à côté, l'entrée du jardin du Mont-Pincio auquel on accède par une route tortueuse et en pente que peuvent gravir les voitures. Lorsqu'on est parvenu au sommet de la colline, on domine la ville tout entière. M. Gariti nous fait apercevoir là-bas le dôme de Saint-Pierre qui est analogue à celui du Panthéon de Paris, sauf les dimensions qui sont ici beaucoup plus grandes : le palais du Vatican où habite Léon XIII ; plus près, en deçà du Tibre, le Panthéon romain dont la coupole surbaissée et presque aplatie ne répond nullement à l'idée que nous nous en faisions ; dans une autre direction, le Colisée, cette immense arène où les hommes avaient à lutter contre les bêtes féroces ; la tour antique que l'on prétend être celle sur laquelle Néron était monté pour y débiter des vers pendant que Rome, qu'il avait donné l'ordre d'incendier, brûlait à ses pieds ; le Capitole restauré ; les ruines des palais des Césars, sur le Mont-Palatin ; derrière nous, la Villa Borghèse qui est l'immense promenade où les Romains vont se divertir après les fatigues du jour : c'est quelque chose comme le bois de Boulogne de Paris, etc.

Nous faisons un tour dans le jardin du

Mont-Pincio où l'on trouve en grand nombre de beaux arbres, de belles statues; et nous redescendons en ville par un autre chemin, en passant devant la *Villa Médicis*, qui est l'école de peinture où la France envoie, aux frais de l'État, les plus brillants élèves de son école des Beaux-Arts. La place d'Espagne se trouve sur notre chemin : nous la traversons, prenant, sous la conduite de notre aimable cicérone, la direction du Palais royal ou Quirinal.

C'est une construction immense mais sans caractère architectural, où habite actuellement le Roi et qui était la résidence des Papes lorsque ceux-ci étaient les maîtres de Rome.

Notre guide dévoué nous fait parcourir ensuite la rue du Vingt-Septembre qui conduit à la Porte-Pie par où entrèrent, en

1870, après l'avoir bombardée, les soldats victorieux de Victor-Emmanuel, qui mettait ainsi fin au pouvoir temporel des Papes et faisait de Rome la capitale de l'Italie.

Après avoir, au retour, jeté un coup d'œil superficiel sur les ruines de la Rome antique : le Forum de Trajan, le Forum romain, le Capitole, etc., nous revenons au Corso qui est maintenant plein d'animation. Sous les rayons de la lumière électrique, une foule nombreuse, distinguée, sans prétention s'y promène lentement jusqu'à une heure avancée de la nuit ; mais combien différente de celle qui circule, agitée, fiévreuse, affairée, sur les boulevards de Paris ? Comme l'on sent ici que l'on se trouve dans un centre plus calme où l'activité dévorante de l'industrie et du commerce ne vient pas jeter sa note pleine de vie !

Nous devons nous contenter, aujourd'hui, de cet aperçu général. A partir de demain, nous visiterons en détail les curiosités de tout ordre qui sont le plus dignes d'intérêt.

M. Gariti, avec son amabilité ordinaire, nous annonce, au moment de nous quitter, qu'il espère obtenir pour demain des billets de faveur pour pénétrer dans les galeries du Vatican et pour faire l'ascension, si nous le désirons, de la coupole de Saint-Pierre.

Tu recevras de moi une lettre nouvelle toutes les fois que nous aurons vu quelque chose qui puisse t'intéresser.

Demain soir je compte te parler de Saint-Pierre et du palais des Papes.

Adieu.

XIII

ROME *(suite)*

Rome, le 7 novembre 189..

M. Gariti arrive ponctuellement à dix heures et nous montre de loin deux morceaux de papier qu'il tient au bout des doigts : ce sont les billets promis!

Nous allons donc chez le Pape. Le verrons-nous ? — Ce n'est pas probable.

Quoi qu'il en soit, nous voici en route pour Saint-Pierre. Nous traversons plusieurs ruelles; et, en un instant, nous nous trouvons sur les bords du Tibre, qui n'est qu'une rivière de moyenne grandeur, dont les rives sont abandonnées, dépourvues qu'elles sont de quais. A ce moment, apparaît, de l'autre côté, devant nous, la massive construction connue sous le nom de Fort Saint-Ange et qui n'est autre chose que le mausolée de l'Empereur Adrien. Un pont franchi, nous prenons une rue de médiocre apparence; et, quelques minutes après, nous sommes sur la Place Saint-Pierre.

Immense place, de forme elliptique, qu'enveloppent, à droite et à gauche, deux colonnades composées de quatre rangées de colonnes colossales sous lesquelles peuvent circuler les voitures. Au milieu, un obélisque; de chaque côté, deux jets d'eau qui projettent en l'air deux magnifiques gerbes, à travers lesquelles viennent se décomposer, en teintes multicolores, les rayons du soleil.

Derrière la colonnade de droite, s'élève le Vatican. Enfin, à l'autre extrémité de la place et derrière l'obélisque, se profile l'Eglise de Saint-Pierre, la Cathédrale des Cathédrales.

Imagine-toi l'Opéra de Paris que dominerait la coupole du Panthéon; le tout, bien entendu, avec des proportions bien plus considérables; et tu auras approximativement une idée du grandiose monument que nous avons devant nous. Huit colonnes gigantesques décorent la façade que surmontent treize statues gigantesques. Cinq portes donnent accès dans la Basilique; celle de droite, nous dit notre toujours aimable cicérone, ne s'ouvre que tous les 25 ans à l'occasion du Jubilé du Pape.

Mais entrons.

Ici, donnons libre carrière à notre imagination : nous avons devant nous l'un des plus beaux monuments du monde. L'Église, en forme de croix latine, a près de deux cents mètres de longueur. Là-bas, au loin, sous la coupole, le maître-autel, sous un baldaquin immense en bronze doré soutenu par quatre colonnes torses. A droite, une rangée de piliers quadrangulaires ; à gauche, une autre rangée de piliers semblables. Au pied du pilier le plus rapproché de l'autel, se trouve la fameuse statue de Saint-Pierre dont les milliers et les milliers de baisers déposés par les fidèles, ont rongé l'orteil du pied droit et la sandale qui le supporte, sur une épaisseur, sans exagération, d'environ un travers de doigt.

Devant l'autel, on montre le tombeau dit la Confession de saint Pierre où l'on conserve une moitié des corps de saint Pierre et de saint Paul. Tout à fait au fond de l'Église, on voit la chaire qui servit, dit-on, à Saint-Pierre et à ses successeurs.

Les nefs de droite et de gauche renferment les tombeaux d'un grand nombre de Papes; des peintures, des sculptures dont quelques-unes, paraît-il, sont d'une grande valeur, leur servent de décoration.

Telle est, en quelques mots, la cathédrale de Saint-Pierre que l'on connaît dans le monde entier.

Mais, à mon sens, ce qui est un sujet d'étonnement pour le visiteur, c'est cette clarté extraordinaire que projettent d'immenses vitraux et qui fait resplendir l'éclat de l'or et des pierres précieuses dont l'Église est parée : tableaux, statues, inscriptions, tout apparaît au grand jour, sous les rayons du soleil qui pénètrent partout.

Ce serait bien le moment de monter à la

Coupole dont la hauteur est de plus de 130 mètres. Mais, outre qu'il est plus de onze heures et que notre billet cesse d'être valable en ce moment jusqu'à demain, nous n'avons pas un grand goût pour aller nous percher au sommet de ce monument après la pénible ascension du Vésuve que nous avons faite il y a quatre jours. Nous nous contenterons du panorama de Rome que nous avons vu, hier, du Mont-Pincio.

Nous sortons donc de Saint-Pierre pour nous rendre au Vatican qui est attenant à la cathédrale. Le Saint-Père peut même pénétrer directement dans l'église sans paraître au dehors.

L'entrée se trouve sur la place, à l'extrémité intérieure de la colonnade de droite. Un immense escalier droit, aux larges marches et à la pente douce, conduit à la Chapelle Sixtine qui renferme, sur la muraille faisant face à la porte, la belle fresque de Michel-Ange, qui représente le *Jugement dernier*. C'est, avec N.-S. Jésus-Christ au milieu, une véritable avalanche d'hommes, de femmes, d'enfants, dans toutes les attitudes, dont les uns tombent, pêle-mêle, dans les gouffres de l'enfer ou du purgatoire, tandis que les autres, figurant au nombre des élus, entonnent des cantiques de louange en l'honneur du Très-Haut. *È bellissimo,* c'est très beau, nous dit M. Gariti qui cherche à nous faire partager son enthousiasme.

Mais toute notre admiration ne doit pas être pour Michel-Ange. Raphaël est un artiste qui ne lui est pas inférieur. Il est juste que nous admirions également les fresques qu'il a peintes, à côté, sur les murs du Vatican. Ce sont : d'abord, ses *Chambres* — (Stanze) — parmi lesquelles on distingue *la Théologie ou Dispute du Saint-Sacrement* dont tu as peut-être entendu parler ; ce sont ensuite ses *Loges* — (Loggie) — composées d'un grand nombre de peintures représentant les faits principaux de l'ancien et du nouveau Testament.

On ne se lasserait pas de contempler ces chefs-d'œuvre. Mais l'esprit est inséparable du corps ; et celui-ci crie famine. Nous allons donc déjeuner avec notre ami dans un restaurant voisin dont l'enseigne, écrite en français, nous attire tout naturellement.

L'appétit satisfait, nous repartons encore, et, cette fois, c'est le Musée de sculpture du Vatican que nous allons visiter. Ce musée, dont l'entrée se trouve derrière la cathédrale, à côté des jardins du Pape, renferme la plus belle collection de marbres antiques qui existe au monde. Au milieu de ce dédale de galeries encombrées d'une multitude de bustes, de statues, de groupes d'hommes et d'animaux, on remarque particulièrement la Vénus du sculpteur grec Praxitèle, l'Apollon du Belvédère, le groupe de Laocoon et de ses enfants qu'un odieux serpent étreint de ses plis tortueux, etc., etc.

Je ne veux pas te fatiguer par des descriptions interminables et fastidieuses pour toi. Qu'il me suffise de te dire que le Palais du Vatican est immense, qu'il renferme une infinité de chefs-d'œuvre et que tu dois cesser de plaindre le pauvre prisonnier qui, dit-on, gémit sur la paille humide des cachots dont, bien entendu, nous n'avons pas aperçu de traces. C'est au figuré, comme tu le sais, qu'on parle de cette paille : en s'exprimant ainsi, on veut dire que le Pape, dépouillé de son pouvoir temporel, est sous la puissance du roi d'Italie.

Mais le Saint-Père, nous ne l'avons pas vu ! Au moment où nous nous approchions de la partie du Palais où il habite, un garde à la livrée pontificale nous a arrêtés net, nous déclarant qu'on n'allait pas plus loin, parce que les appartements privés de Léon XIII sont à côté !

Puisqu'il en est ainsi, il ne nous reste qu'à rentrer. En passant, nous visitons le Panthéon d'Agrippa, qui se trouve sur notre chemin. C'est le seul monument antique, à peu près entièrement conservé, qui reste à Rome. Comme façade, c'est un peu celle de la Madeleine à Paris; l'intérieur est circulaire et surmonté d'une coupole très aplatie au milieu de laquelle une ouverture circulaire, percée à jour, laisse passer la pluie et donne, en même temps, la lumière nécessaire pour éclairer le monument transformé aujourd'hui en église catholique. Rien de particulièrement remarquable si ce n'est, à droite, le tombeau de Victor-Emmanuel, le père du roi actuel et, à gauche, le tombeau de Raphaël.

Il est minuit ; je n'y tiens plus ; la plume me tombe des mains. Aussi,

Adieu.

XIV

ROME (*suite*)

Rome, le 8 novembre 189..

Hier, nous avons visité la ville nouvelle, la ville pontificale. Aujourd'hui, nous avons consacré la plus grande partie de la journée à nous promener à travers la Rome antique, à travers la Rome païenne.

Le temps étant toujours beau, à 10 heures, nous étions déjà en route, traversant le Corso peu animé en ce moment. En passant, nous avons jeté un coup d'œil sur la Colonne Antonine, élevée sur la place Colonna en face de la Chambre des Députés. Elle a plus de 40 mètres de hauteur, nous dit M. Gariti qui, encore aujourd'hui, veut bien nous accompagner dans notre excursion à travers les ruines : elle est composée de 28 blocs de marbre seulement. C'est te dire la dimension de ces blocs !

Un peu plus loin, après avoir quitté le Corso et la Rue Nationale, nous nous trouvons au Forum de Trajan : vaste rectangle situé en contre-bas du terrain environnant et au milieu duquel sont, encore debout, une multitude de tronçons de colonnes, qui supportaient jadis la toiture de l'édifice. A l'une de ses extrémités, dominant le Forum, s'élève la Colonne Trajane, conçue dans le même style que la Colonne Antonine : même hauteur environ, même forme, mêmes matériaux. Elle est recouverte, comme la première d'ailleurs, de bas-reliefs en spirale qui représentent les exploits de l'empereur qui l'a fait construire. Sa conservation est parfaite : on croirait qu'elle a été édifiée il y a quelques années seulement.

Mais nous ne nous arrêtons là que quelques instants. Nous n'avons pas encore atteint le but de notre course, qui est l'antique Forum Romain, le Colisée, les palais des Césars, etc., en un mot, la Rome antique proprement dite.

Quelques pas encore et nous y sommes. Voici, en effet, le Capitole moderne sur l'emplacement duquel se trouvait autrefois l'ancien Capitole qui servait à la fois de temple et de citadelle et où les généraux vainqueurs de l'ennemi étaient portés en triomphe. Placé au sommet du Mont-

Capitolin, il dominait la ville entière.

L'antique Forum, où se discutaient les destinées de Rome, est là derrière le Capitole. Plus loin, dans la même direction, vers le sud-est, apparaît le massif Colisée. Un peu à droite, s'élève le Mont-Palatin où étaient bâtis les palais des Césars : c'est le berceau de l'ancienne Rome. C'est là que se trouvait la cabane du berger qui, d'après la tradition, recueillit Romulus et Rémus qu'allaitait une louve sur les bords du Tibre.

Tout ce quartier ne renferme que des ruines : ce sont les Thermes de Titus, sur le Mont-Esquilin ; c'est le temple de Claude, au sud du Colisée, sur le Mont-Cœlius ; ce sont les Thermes immenses de Caracalla, situés là-bas, auprès des fortifications ; c'est le Cirque Maxime, qui n'est aujourd'hui qu'une espèce de prairie, entre le Mont-Palatin et le Mont-Aventin ; c'est la Voie Appienne ou voie des tombeaux qui se dirige vers le sud-est à travers la Campagne romaine, etc.

Mais, descendons l'escalier qui se trouve sur le côté du Capitole. Nous voici au *Forum*. Comme celui de Trajan, le Forum Romain est au-dessous du niveau du sol de la ville actuelle : il y a, paraît-il, une différence de niveau qui n'est pas moindre de 8 mètres.

Tout ici, à l'exception de l'Arc de Triomphe de Septime-Sévère, n'est que ruines lamentables : pans de murs s'élevant à peine de quelques pieds au-dessus du sol, colonnes brisées dont les débris jonchent la terre, pavés dont les dalles colossales sont disjointes et dont le niveau est inégal, fragments de marbre, etc., tout cela gît pêle-mêle, çà et là. Triste sort réservé à tout ce qui veut résister aux injures du temps !

Voici les Rostres ou tribune aux harangues où Cicéron fit entendre bien souvent l'éloquence de sa voix ; voilà le temple de la Concorde, le temple de Saturne, dont il ne reste que quelques colonnes, le temple de César, qui n'est qu'un monceau de ruines, le temple de Castor et Pollux avec ses trois colonnes debout. Ici, c'est la colonne de Phocas qui a 17 mètres de hauteur. Là, c'est la Basilique Julia, le plus vaste édifice du Forum ; c'est la maison des Vestales, au pied du Palatin ; c'est le temple d'Antonin et de Faustine ; c'est la Basilique de Constantin dont il reste encore des pans de murs imposants ; c'est le temple de Vénus et de Rome, etc.

Au milieu de tous ces monuments, s'étend, en pente, la *Voie Sacrée* ou voie triomphale dont le pavé est encore en bon état. A l'autre extrémité du Forum, à l'endroit où elle atteint son point culminant, elle passe sous l'admirable Arc de Titus, qui est, d'après notre aimable cicérone, le plus beau des Arcs de Triomphe qui soient parvenus jusqu'à nous.

La voie sacrée descend maintenant vers le Colisée ; à gauche, on trouve les traces du piédestal de la statue de Néron, qui avait près de 40 mètres de hauteur. A droite, s'élève l'Arc de Triomphe de Constantin : il est bien conservé, mais, au point de vue artistique, il n'est pas beau : *è brutto* (il est vilain), nous dit M. Gariti.

En face de nous, c'est le monstre : c'est le Colossal Amphithéâtre Flavien ou Colisée dont nous avons lu ensemble, l'été dernier, la description dans Chateaubriand et dans Corinne de Mme de Staël.

Représente-toi un immense monument de forme ovale, d'une hauteur considérable, composé de trois rangées superposées d'ouvertures extérieures formant des portiques ; le tout surmonté de la valeur d'un autre étage que découpent seulement quelques orifices moins larges. Des couloirs intérieurs existent sous ces portiques et font le tour de l'édifice. Des escaliers pratiqués çà et là, font communiquer les diverses galeries entre elles et conduisent aux gradins où se plaçaient les spectateurs.

Vue de là-haut, la scène est grandiose. A ses pieds et tout autour de l'amphithéâtre, on voit les diverses galeries intérieures dont le diamètre va en s'élargissant à mesure qu'elles s'éloignent du sol : c'est là que se trouvaient les gradins où s'asseyait le peuple. Plus loin, c'est la plate-forme où se tenaient l'empereur, sa famille et les principaux magistrats de la cité. Là-bas, tout au fond, apparaît l'arène où se passait le spectacle qu'aimaient tant les Romains de l'antiquité : les combats de gladiateurs et les luttes de prisonniers de guerre et de bêtes féroces.

Tandis que M. Gariti, avec son amabilité ordinaire, nous fait la description de ce spectacle barbare, je suis à me demander comment il était possible que des hommes et des femmes — les femmes, elles aussi, étaient avides de sang — pussent prendre un plaisir quelconque à la vue de ces chairs pantelantes, de ces corps ensanglantés, de ces cadavres voués au charnier que des employés du cirque traînaient, après le combat, dans les dessous de l'amphithéâtre ! N'est-ce pas, ma chère Marie-Thérèse, que la pensée seule de pareilles scènes nous révolte ? Cependant, la chose est certaine, toute l'antiquité a aimé ces jeux : elle appelait cela des jeux ! Et la populace romaine, avilie par la complaisance de ses empereurs sanguinaires, parcourait les rues en demandant à grands cris : *panem et circenses* : ce qui veut dire, si j'en crois ce que l'on dit à mon oreille peu habituée au latin : *du pain et les jeux du cirque !*

Il paraît que les fêtes d'inauguration du Colisée durèrent cent jours pendant lesquels 5 000 animaux féroces et 10 000 captifs furent égorgés. Quelle horreur ! Et combien nous devons nous féliciter d'appartenir à une époque dont les goûts sont moins dépravés et moins barbares !

Je n'ai plus le courage de regarder vers l'arène. Mes yeux se portent instinctivement, par-dessus les murs démolis en partie de toute une moitié du Colisée, vers le Palatin où l'on entrevoit les ruines des Palais des Césars ; vers les fortifications qui s'écroulent ; vers la Voie Appienne qui apparaît, là-bas ; vers la campagne romaine qui s'étend devant nous avec toute sa désolation, avec les montagnes du Latium et de la Sabine qui se dessinent au loin, vers le sud-est et l'est, avec leur coloris rosé. A mi-côte, s'échelonnent des villes et des villages aux teintes dégradées ; c'est, sur les bords du lac Albano, l'endroit où se trouvait Albe-la-Longue, l'ancienne rivale de Rome ; c'est Frascati ; c'est le lieu où fut Tusculum ; c'est Tivoli sur la ligne de Castellamare Adriatica, Tivoli où le poète Horace avait sa maison de campagne ; c'est, au nord et de l'autre côté de la ville, le Mont-Mario, où Marius se plaça pour assiéger Rome, etc. Enfin que sais-je ?

Nous étions venus ici pour visiter les

ruines voisines du Forum et du Capitole ; et voilà que nous nous surprenons en train de passer en revue le panorama tout entier du pays qui entoure Rome !

Mais tout cela nous rappelle toujours l'antiquité et nous dit qu'en ces lieux que ne visitent plus guère que des touristes en quête de sensations nouvelles, vécut un peuple, le plus actif, le plus remuant, le plus belliqueux de la terre. Et ces ruines, qui sont aujourd'hui l'image de la mort, ont connu, il y a des siècles, l'animation des capitales modernes. Elles nous disent ce qu'il adviendra de nous et de nos immenses villes dont nous nous enorgueillissons tant. Quelques années encore pour nous, quelques siècles pour elles, et il ne restera peut-être aucune trace de ce qui, aujourd'hui, nous paraît si vivant et si animé ! Et le touriste, dans deux mille ans d'ici, cherchera peut-être, à l'aide de quelques monuments écroulés de Paris qu'il aura découverts, à reconstituer le plan et la physionomie de la capitale actuelle du monde !

Mais je me perds dans mes réflexions. Et je songe que je ne t'ai pas parlé des ruines des Palais des Césars, qui sont situées sur le Mont-Palatin.

Bien que nous eussions convenu, ce matin, de les parcourir aujourd'hui, nous avons dû renvoyer notre partie à demain. Le temps nous a fait défaut. Souvent l'homme propose; mais il ne dispose pas toujours.

Tout à l'heure, nous irons au théâtre. Demain, je te dirai mon impression en même temps que je te raconterai nos nouvelles excursions à travers les débris de l'ancienne Rome.

XV

ROME (*suite*)

Rome, le 10 novembre 189..

Hier, dans la soirée, je me suis trouvée un peu indisposée : je n'ai pas eu le courage de t'écrire. Je répare maintenant mon omission en te racontant, dans cette lettre, ce que nous avons vu avant-hier soir, hier et aujourd'hui.

Jeudi soir, après notre visite au Colisée, nous avons assisté, comme je te l'ai déjà fait pressentir, à une représentation du Théâtre National, qui se trouve à côté de

la Place de Venise, sur la Rue Nationale.
La salle, disposée absolument comme celle
du théâtre du Corso de Bologne, était
bondée de monde.

On y jouait l'*Italienne à Alger* de Rossini : spectacle très réussi qui a valu aux artistes de nombreux rappels et des applaudissements bien mérités. Mais, sans M. Gariti, qui nous expliquait au fur et à mesure les événements qui se passaient sur la scène, nous aurions compris bien peu de chose à la pièce. Heureusement, si nous ne saisissions pas les paroles, nous avions l'avantage de pouvoir goûter la délicieuse musique de Rossini.

Le spectacle s'est terminé par une pantomime : la *Fata delle Bambole* (la Fée des Poupées) qui nous a fort réjouis. Ici, notre nationalité ne nous mettait pas en état d'infériorité vis-à-vis des spectateurs italiens. Les gestes sont de tous les temps et de tous les pays. Aussi, avons-nous pu prendre notre revanche et suivre comme tout le monde la pensée qu'avait eue l'auteur en faisant se trémousser sur la scène cette féerique et fantastique réunion de poupées humaines qui disaient mieux : *papa, mamma !* que celles que l'on vend dans les bazars de Rome. Mais une fée les animait ! !

Bref, notre soirée s'est passée fort agréablement, grâce à la délicatesse de notre ami, qui avait eu l'heureuse idée de nous conduire au Théâtre National. . . . .

. . . .

. . . . . Hier matin, continuation de nos excursions à travers les ruines. Avant dix heures, nous traversions déjà le Forum, nous rendant au Mont-Palatin que nous n'avions pas pu visiter la veille.

Le Palatin, comme tu le sais, est le berceau de Rome. C'est là que Romulus fit construire les premières murailles de la ville à laquelle il devait donner son nom. On montre encore quelques vestiges de ces vieux murs.

C'est là que les empereurs firent élever leurs palais. A gauche, en entrant par la rue Saint-Théodore, on voit les ruines du Palais de Caligula : débris informes, composés de quelques pans de murailles encore debout, d'un escalier à pic, aux marches très hautes, qui conduit à une terrasse supérieure d'où l'on a une belle vue sur toute la ville et notamment sur le Forum qui est tout à côté, sur le Colisée, qui est un peu plus loin, sur le Capitole qui en est à peine éloigné de 300 mètres. On aperçoit encore les restes du Pont de Caligula qui reliait le

Palatin au Capitole par-dessus le Forum.

En traversant cette terrasse plantée d'arbres verts et en allant vers le sud-ouest, on arrive bientôt aux autres constructions impériales. Ici, c'est la maison de Tibère ; là, c'est le couloir sombre où fut assassiné Caligula. Plus loin, c'est le palais imposant, mais entièrement délabré aujourd'hui, de Domitien ; c'est la maison de Néron ; ce sont les ruines du temple de Jupiter ; c'est la maison d'Auguste ; c'est le palais de Septime-Sévère ; ce sont, à côté, les débris de la loge impériale d'où l'empereur pouvait assister au spectacle du Cirque Maxime, placé là-bas au fond, dans la vallée qui sépare le Mont-Palatin du Mont-Aventin. Ce sont là tous les souvenirs de la Rome dépravée, de la Rome avide de jeux sanglants, de la Rome de la décadence qui va bientôt succomber sous les coups des Barbares.

Tel est l'emploi de notre matinée.

Dans l'après-midi, nous avons voulu visiter un établissement de Bains de l'antiquité. Nous avons choisi les Thermes de Caracalla qui se trouvent à 800 mètres environ du Palatin, dans la direction sud, au milieu de jardins et de terrains vagues, dépourvus d'habitations.

Ils constituent, après le Colisée, une des plus colossales ruines de Rome et occupent un vaste quadrilatère d'environ 400 mètres de côté. Les murs d'une épaisseur énorme sont encore debout et dessinent la forme qu'avait l'établissement. Salles immenses aux voûtes excessivement élevées, pavés en mosaïque assez bien conservés, salles de lecture, bains de l'empereur, bains de l'impératrice, foyer fournissant la chaleur nécessaire pour chauffer l'eau, tuyaux en briques, destinés à distribuer le calorique, etc., tels sont les Thermes de Caracalla.

Et, à travers tous ces restes grandioses d'un passé bien lointain, poussent des herbes sauvages et des ronces, signe manifeste que les œuvres de la nature sont plus vivaces que celles des hommes ! Là où la mort a passé avec son niveau égalitaire, le soleil luit toujours, la fleur s'épanouit et l'oiseau chante !

Nous sommes ici tout près des fortifications. Puisque, aujourd'hui, nous avons vu assez de ruines, le moment est bien choisi pour aller visiter la *Basilique de Saint-Paul hors les murs.* En dix minutes, nous sommes arrivés à la porte Saint-Paul par où passe la route qui y conduit. En attendant le tramway qui ne tardera pas à arriver, M. Gariti nous fait admirer la Pyramide de Caïus Cestius qui s'élève à côté de cette porte : elle date du temps d'Auguste et a une hauteur de près de 40 mètres. Elle est bien loin d'égaler celles d'Egypte, n'est-ce pas ? Et cependant, elle nous intéresse fort, d'autant plus que c'est la première que nous voyons. Et puis, faute de grives, on mange des merles !

Mais le tramway est là. Nous voici donc en route pour l'Eglise Saint-Paul. Deux kilomètres de parcours et nous y sommes. La Basilique a été détruite par un incendie, il y a une cinquantaine d'années. C'est te dire que celle qui existe maintenant, est entièrement neuve ; elle n'est même pas tout à fait terminée ; de nombreux ouvriers travaillent en ce moment à la décoration de la façade où sont placées les plus grandes mosaïques qui aient, paraît-il, été exécutées d'après les principes de l'art moderne. L'intérieur est divisé en cinq nefs par 80 colonnes en granit rose. Tout en haut, près du plafond, ont été dessinés des médaillons en mosaïque représentant les traits des papes qui se sont succédé à la tête de l'Eglise catholique depuis le jour où elle a été établie. Léon XIII, lui-même, y a son portrait. D'autres médaillons font suite à ceux-là et n'ont pas encore de titulaires : ils attendent les papes à venir !

Je t'ai déjà dit dans une de mes précédentes lettres que la moitié des corps de saint Pierre et de saint Paul se trouve à Saint-Pierre. Tu ignores peut-être ce qu'est devenue l'autre moitié. Eh bien : c'est la Basilique de Saint-Paul qui en a le dépôt. Voilà pourquoi les étrangers qui viennent à Rome, n'oublient jamais de faire un pèlerinage à Saint-Paul.

Un autre attrait de ce lieu, c'est l'existence, à côté de l'Eglise, d'un vieux cloître, dont les délicates colonnes torses font, nous dit-on, l'admiration des connaisseurs.

Il est déjà tard ; il nous reste juste le temps de rentrer. Le tramway nous reprend et nous ramène à Rome en nous faisant passer au pied du Mont-Aventin, sur les bords du Tibre, tout près du temple de Vesta et, de là, à travers le Forum. Nous voici à la Place de Venise, à l'extrémité du Corso : nous sommes arrivés.

Voilà l'emploi de notre temps depuis ma dernière lettre. Comme tu le vois, nous ne perdons pas un moment : nous sommes constamment sur pied. C'est à peine si j'ai le loisir de t'écrire à la hâte. Excuse-moi donc si mes lettres se ressentent de ce surmenage physique et intellectuel à la fois. Ma tête est en feu au milieu de tous ces souvenirs multiples d'une époque grande entre toutes. Dans quelques mois d'ici, lorsque mon cerveau sera moins surexcité et lorsque mes impressions auront trouvé, dans mon esprit, la place qu'elles doivent occuper réellement, il me sera possible de te dire mieux qu'en ce moment tout ce que j'ai ressenti. Et alors dans nos longues causeries du soir, je pourrai te raconter, avec les détails nécessaires, les péripéties de notre beau voyage.

Je clos ma lettre ici. Permets-moi, en attendant que je te parle des dernières curiosités qu'il nous reste encore à voir, d'aller prendre un repos que j'ai bien mérité et qui m'est indispensable.

A bientôt.

XVI

ROME (*suite*)

Rome, le 12 novembre 189..

Hier, dimanche, on célébrait, à Rome, la fête anniversaire de la naissance du prince de Naples, c'est-à-dire du fils du roi Humbert. Toutes les rues étaient pavoisées de drapeaux ; les musiques militaires jouaient sur les principales places et une foule bariolée se promenait un peu partout.

Dans l'après-midi, le rendez-vous du beau monde était à l'immense promenade qu'on appelle ici la *Villa Borghèse* à laquelle on arrive par le Corso. Elle s'étend au delà des fortifications, derrière le Mont-Pincio dont je t'ai déjà parlé dans ma première lettre datée de Rome.

Une longue file de voitures de maître serpentait à travers les allées de ce bois de Boulogne romain et attirait l'attention, toujours en éveil, d'une nuée de badauds qu'émerveillaient les délicieuses toilettes et les beaux bijoux des heureux propriétaires de ces équipages.

Aujourd'hui, dimanche, nous avons profité de la fête pour entrer dans quelques-unes des 300 églises qui existent à Rome. A tout seigneur, tout honneur ; notre première visite a été pour l'église Saint-Louis des Français, construite pour les Français qui habitent à Rome, sur la place Navone, non loin du Panthéon. Elle n'a rien de particulièrement remarquable : elle est bien décorée ; elle renferme des peintures et des sculptures d'une grande valeur, mais c'est la règle en Italie. Ce qui nous intéresse surtout, c'est un monument en marbre blanc élevé à la mémoire des soldats français tués au siège de Rome en 1849. C'est, pour nous, un recoin de la France !

En sortant de Saint-Louis, nous nous dirigeons vers l'autre extrémité de Rome, là-bas, vers Saint-Jean de Latran, tout près des fortifications.

Chemin faisant, nous trouvons sur notre route la *Basilique de Sainte-Marie-Majeure*, l'une des plus belles qui existent ici. Son clocher — une chose rare à Rome — nous rappelle la Tour de Saint-Marc de Venise. Quant à l'église elle-même, elle renferme des richesses artistiques dues aux plus grands maîtres de l'Italie. C'est l'en faire tout l'éloge.

En suivant la longue rue Merulana, on aboutit en peu de temps à la place Saint-Jean de Latran. Lorsqu'on est arrivé devant la Basilique dont la façade principale ressemble plutôt à celle d'un théâtre qu'à celle d'un monument consacré au culte, on jouit d'un coup d'œil splendide sur les vieux murs de la ville, sur les lignes d'aqueducs qui dessinent leurs squelettes à travers la campagne romaine, et sur les montagnes aux tons rose-bleuâtres du Latium et de la Sabine.

L'Eglise comporte 5 nefs intérieures que surmonte un plafond à caissons dorés, comme cela se voit souvent ici. De chaque côté de la nef centrale, sont placées, dans des niches, des statues colossales, aux allures vivantes, aux mouvements désordonnés, qui représentent les apôtres. C'est à Saint-Jean de Latran que sont conservées les têtes de saint Pierre et de saint Paul : ce qui attire ici beaucoup de curieux et de fidèles. On montre, également, une table en bois de cèdre que l'on dit avoir servi à la Cène de J.-C. Dans une Crypte de la Basilique, enfin, on admire une belle *Pietà*, c'est-à-dire un groupe en marbre représentant le Christ mort que la Sainte Vierge éplorée tient entre ses bras. C'est un chef-d'œuvre de naturel : on sent que le corps du Christ est inanimé et que ses bras et ses jambes, que ne retient plus la volonté, n'obéissent, dans leur mouvement d'abandon, qu'à la seule loi de la pesanteur. Pour ma part, je n'ai jamais rien vu d'aussi saisissant.

Cette partie de Rome semble être un lieu de prédilection pour les souvenirs du

Christianisme naissant. De l'autre côté de la place, dans un monument approprié, on a transporté de Jérusalem l'escalier du palais de Pilate : c'est là que se seraient posés les pieds de Jésus-Christ avant la flagellation. Tu comprends que les pierres dont il est composé sont dignes de vénération. Aussi ne le monte-t-on qu'à genoux. Au moment où nous y arrivons, une dizaine de personnes sont là, dans une attitude des plus recueillies, gravissant une à une, sous la conduite d'un prêtre, les quelques marches de cet escalier vénérable.

Il ne nous déplairait pas de rester longtemps ici pour méditer sur ce que nous venons de voir. Mais nous avons un autre but : nous voulons, avant de rentrer, visiter l'Eglise de Saint-Pierre-ès-liens où se trouve le célèbre *Moïse* de Michel-

Ange... Elle n'est pas loin heureusement : en quelques minutes nous avons franchi la faible distance qui nous en sépare. Elle se trouve, en effet, tout près du Colisée, au pied du Mont-Esquilin.

L'église n'a rien de bien saillant ; mais le *Moïse* est vraiment admirable et tous les éloges que l'on en fait ne sont pas exagérés. Tu as assurément vu des gravures qui le représentent, cet homme à la barbe de fleuve retombant en cascade sur sa poitrine ; il est assis, dans l'attitude de la méditation ; ses yeux perçants semblent voir encore le Dieu qui vient de lui donner les tables de la loi ; son front est pensif ; les muscles de son visage sont tendus ; on croirait que le sang coule dans ses veines. C'est un être vivant ; encore un instant, et il va sortir de sa rêverie ; on va l'entendre parler. Quel créateur que ce génie de Michel-Ange !

Pour faire diversion à toutes nos préoccupations intellectuelles et artistiques de la journée, nous sommes allés passer la soirée de dimanche au Concert Esedra, près de la gare. Ce n'est qu'un Café-Concert ; mais il est très bien fréquenté et ne ressemble en rien, au point de vue de la tenue des artistes et du public, à ceux qui existent en France.

Les chansonnettes que l'on débite sur la scène n'ont presque rien d'immoral ; et, au besoin, — mais au besoin seulement, — une mère pourrait y conduire sa fille ! On y chante surtout en français et en italien. Et je dois te dire que les habitants de Rome ne se montrent pas ennemis enragés de la France ; une artiste parisienne qui jouait hier au soir a été applaudie, bissée frénétiquement et rappelée six fois de suite.

Cette amabilité dont les spectateurs ont fait preuve vis-à-vis d'une de nos compatriotes, nous est allée droit au cœur et nous a donné une opinion encore meilleure de la charmante population au milieu de laquelle nous vivons depuis une semaine.

Notre soirée, comme tu le vois, a été excellente ; et M. Gariti, qui avait bien voulu nous accompagner, nous a tenus jusqu'à minuit sous le charme de sa parole et de ses entretiens gracieux. . . .

. . . .

. . . . . Aujourd'hui, c'est la dernière journée que nous allons passer à Rome. Je m'étais déjà si bien acclimatée ici que la pensée seule de notre départ pour demain, me rend soucieuse et mélancolique ; tous les souvenirs que nous laissons derrière nous me reviennent à l'idée et augmentent mes regrets. Mais le sort en est jeté : il faut partir.

Auparavant, nous avons voulu, aujourd'hui, visiter les dernières curiosités qu'il nous reste à voir : le Capitole et la Roche Tarpéienne, qui sont voisins l'un de l'autre, comme tu le sais, et tous deux sur le Mont-Capitolin.

Le Capitole moderne, qui sert d'Hôtel de ville, est situé sur l'emplacement de l'ancien. Il ne reste rien ou à peu près rien de ce dernier, si ce n'est le souvenir de tout un passé glorieux. — On y accède par un escalier droit au bas duquel sont accroupis deux lions en basalte d'Egypte. En haut, à droite et à gauche, deux statues colossales de Castor et de Pollux. Au milieu de la place, qui s'étend devant le palais, statue équestre en bronze de Marc-Aurèle. En face, le Capitole avec sa haute tour carrée qui domine la ville nouvelle et la ville ancienne. D'un côté de la place, se trouve le Musée du Capitole avec sa curieuse collection de marbres anciens, notamment la Vénus du Capitole et le Gaulois blessé ; de l'autre, le Palais des Conservateurs avec un musée non moins remarquable.

C'est derrière celui-ci que s'élève, abrupte, la fameuse Roche Tarpéienne d'où étaient précipités, au temps de la Rome antique, les traîtres à la patrie. Pour l'apercevoir, il faut pénétrer, en payant bien entendu, dans un jardin privé. Lorsqu'on y est, la désillusion est grande : à la place du précipice sans fond que l'on avait rêvé, on ne voit qu'un rocher, à pic il est vrai, mais dont la hauteur ne doit pas dépasser une quinzaine de mètres !

Et voilà comment un roc qui n'a rien

d'extraordinaire par ses dimensions, a
acquis une réputation universelle ; et,
dans tous les pays du monde, on sait que
la Roche Tarpéienne est près du Capitole !
De loin, c'est quelque chose, c'est même
beaucoup ; lorsqu'on est auprès, ce n'est
rien ou presque rien. C'est toujours l'éternelle histoire des bâtons flottants !

Je termine ici ma dernière lettre qui
t'arrivera de la Ville Eternelle, de la ville
qui a été tout dans l'antiquité païenne, qui
a été tout, dans la suite, sous la domination
des papes, qui est bien déchue maintenant
de sa grandeur passée, mais qui aspire
à retrouver un peu de sa gloire d'autrefois
depuis qu'elle est devenue la Capitale de
l'Italie.

Sa population est douce, polie, lettrée,
amie des arts et de tout ce qui est beau.
Le caractère de ses habitants est préve-

nant, affable, plein d'amabilité pour les étrangers. Nous garderons toujours un excellent souvenir de notre passage à Rome et nous n'oublierons jamais les bons procédés qu'a employés à notre égard M. Gariti qui s'est montré un ami plein de dévoûment et d'abnégation. Rien ne lui a coûté pour rendre agréable notre séjour à Rome : il a bien des fois négligé ses occupations habituelles pour venir nous accompagner dans nos courses. Lorsque nous serons rentrés en France, nous pourrons dire que nous avons laissé là-bas, au delà des Alpes, un ami sincère, véritable et désintéressé. Mais, à son tour, s'il pouvait lire dans nos cœurs, il apprendrait combien nous lui sommes reconnaissants des nombreux services qu'il nous a rendus. Puissions-nous, un jour, avoir l'occasion de lui témoigner notre gratitude !

Telles sont, trop longuement exprimées sans doute, les impressions que nous avons ressenties à Rome. J'espère, ma chère Marie-Thérèse, qu'elles t'auront intéressée, bien que mes lettres aient été écrites au courant de la plume, souvent en pleine nuit, à notre rentrée de nos promenades quotidiennes.

Demain soir, nous serons, je l'espère, à Florence.

XVII

FLORENCE

Florence, le 14 novembre 189..

A huit heures, hier matin, nous étions à la Gare Centrale de Rome. Malgré l'heure matinale, M. Gariti a bien voulu venir nous serrer encore une fois la main avant notre départ. C'est une politesse à laquelle nous avons été fort sensibles.

A huit heures dix, le train s'ébranle et nous voilà en route pour Florence. Aussi longtemps que nous pouvons voir, nous apercevons une main qui se tend vers nous, sur le trottoir de la gare : c'est celle de M. Gariti.

A sa sortie de Rome, la voie traverse, pendant quelque temps, une campagne désolée ; bientôt, elle se rapproche de la montagne. Pendant plus de 100 kilomètres, elle longe le Tibre. Quelques villes assez importantes se trouvent sur cette ligne : Aquila, placée au pied du Gran Sasso d'Italie, la plus haute montagne des Apennins ; Foligno ; Assise, patrie de saint François d'Assise ; Pérouse ; Chiusi ; Arezzo, où est né Pétrarque. Après avoir passé Chiusi, on se trouve bientôt sur les bords du lac de Trasimène, au milieu duquel semblent surnager trois îles pittoresques qui produisent, sur cette nappe d'eau, un effet magique. C'est sur les bords de ce lac que les Romains furent battus, dans l'antiquité, par Annibal, le célèbre général carthaginois. Plus loin, nous suivons jusqu'à destination les rives de l'Arno.

A Rome, au moment de notre départ, le temps était couvert; maintenant, il pleut. Cela ne présage rien de bon : si la pluie continue, l'excursion que nous projetons pour le soir, sera manquée. Heureusement, le soleil se remet de la partie et lorsque nous arrivons à Florence, le ciel est presque redevenu serein.

A peine descendus du wagon et dès que nous avons choisi notre chambre à l'hôtel, nous nous dirigeons, à travers la boue, vers la Cathédrale. C'est à une pensée d'orgueil, dit-on, qu'elle doit son existence ; en la faisant construire, les Florentins se proposèrent pour but d'élever un monument qui surpassât par sa grandeur et sa beauté tout ce que l'imagination et la puissance humaines pouvaient inventer.

Et, de fait, après St-Pierre de Rome, il n'existe pas d'église plus vaste que celle de Florence : elle a plus de 150 m. de longueur ; la Nef Centrale a 40 m. de hauteur et le dôme, qui surmonte l'édifice et dont s'est inspiré Michel-Ange, s'élève dans les airs à une hauteur d'environ 115 m. au-dessus du sol. Rien de particulier à l'intérieur. Quant aux murs extérieurs de la cathédrale, ils sont entièrement recouverts de plaques de marbre disposées par bandes horizontales alternativement blanches et noires, ce qui donne au monument un aspect quelque peu lugubre. La même décoration a été employée pour le Campanile ou clocher, qui est bâti à quelques mètres de l'Église.

Sur la place, en face de la Cathédrale, se trouve le Baptistère de Florence à l'entrée duquel sont placées les fameuses

Portes de Bronze dont tu as certainement entendu parler et que Michel-Ange trouvait si belles qu'il les jugeait dignes de figurer au seuil du Paradis. Pour nous qui n'avons pas la compétence de cet artiste, nous nous contentons d'admirer, de confiance.

Et nous voici encore au milieu de la boue. Cette fois, nous allons au Tombeau des Médicis qui est à deux pas dans une chapelle dépendant de l'Eglise Saint-Laurent. Le monument est dû au ciseau de Michel-Ange; et quelques figures qui y ont été sculptées par cet artiste, notamment le Penseur, le Crépuscule, le Jour et la Nuit, sont admirables de vie, de naturel et de réalité. C'est le pendant de la Pietà et du Moïse que nous avons vus à Rome et dont je t'ai parlé.

Au sortir de là, nous avons voulu jeter

un coup d'œil général sur la ville, réservant pour aujourd'hui notre visite aux Musées. Et, en voiture, tranquillement, nous passons devant les palais de Florence : le *Palais Vieux*, qui sert d'Hôtel de ville, le *Palais des Offices*, transformé en musée, situés l'un et l'autre entre la place de la Seigneurie et l'Arno ; de l'autre côté du fleuve, le *Palais Pitti*, encore un autre musée, etc.

Ce qui nous frappe, dans notre course, c'est l'aspect étrange que présentent ces palais aux constructions massives, simples et sévères et dont les noires façades ressemblent à des murs de citadelles.

L'Arno, qui coule entre des quais bien réguliers, traverse la ville de l'est à l'ouest ; et, au couchant de Florence, sur les bords de l'eau, s'étend l'immense promenade que l'on désigne ici sous le nom de *Prato delle Cascine.* C'est un parc de plusieurs kilomètres de longueur et de six à sept cents mètres de largeur. Lorsqu'on s'engage dans ses allées ombreuses, il semble qu'on ne va jamais arriver à l'autre bout. C'est après la Villa Borghèse de Rome, la plus belle promenade que nous ayons vue en Italie. . . . .

. . . . Ce matin, notre première occupation a été de nous rendre au *Palais des Offices.* C'est le plus vaste musée que nous ayons trouvé sur notre chemin pendant notre voyage : galeries immenses encombrées de statues, de tableaux de maîtres anciens et modernes, de bijoux, de camées, etc. Nous avons remarqué la Vénus de Médicis dont l'auteur est inconnu ; la Fornarina, de Raphaël, une Sainte-Famille, de Michel-Ange, la naissance de Vénus, de Botticelli, etc.

Ce palais des Offices est en communication directe avec le Musée du *Palais Pitti* qui se trouve de l'autre côté de l'Arno. Un long couloir qui traverse le Pont vieux jeté sur le fleuve, relie ces deux monuments et renferme lui-même un nombre considérable de toiles de grande valeur.

Le Palais Pitti compte, lui aussi, plusieurs chefs-d'œuvre signés Raphaël, Murillo, Le Titien, Rubens, Michel-Ange, etc. C'est la Sainte Famille de Raphaël, une autre Sainte Famille de Rubens, la Vierge à la chaise, de Raphaël... Que sais-je, moi? Tout serait à citer. L'imagination est transportée ; les yeux sont émerveillés. Nous sommes bien à Florence, la patrie des beaux-arts !

Mais, malgré l'attrait que toutes ces belles choses exercent sur notre esprit, nous ne pouvons pas rester ici plus longtemps. Nous devons être rentrés en France vers le 20 novembre. Aujourd'hui c'est le 14 et il nous reste à voir Pise, Gênes et toute la côte de la Méditerranée, depuis Gênes jusqu'à Marseille. Nous n'avons donc pas de temps à perdre !

Aussi, tout à l'heure, partons-nous pour Pise où nous arriverons ce soir. Donc, à demain de mes nouvelles.

XVIII

PISE

Pise, le 15 novembre 189..

Notre voyage, hier au soir, n'a pas duré longtemps : quatre-vingts kilomètres à peine séparent Pise de Florence en passant par Empoli. N'attends pas de moi la description du pays que nous avons traversé en venant ici. Partis à cinq heures et demie de l'après-midi, c'est-à-dire à l'entrée de la nuit, nous avons effectué tout notre parcours au milieu de l'obscurité.

A Pise, une voiture nous a transportés dans un hôtel quelconque. Et, ce matin, à notre lever, lorsque nous avons voulu mettre la tête à la fenêtre, nous nous sommes trouvés sur les bords de l'Arno dont l'eau, aux brillants reflets, scintillait sous les rayons du soleil d'automne.

Majestueux, le fleuve coule, profondément encaissé entre ses rives qu'encadre, de chaque côté, une rangée de blanches maisons. Ce tableau nous séduit et nous restons pendant de longs instants en contemplation devant ce spectacle d'un fleuve paresseux qui roule lentement ses flots à travers une ville dont les habitants semblent encore endormis malgré l'heure avancée de la journée !

Pise manque d'animation : c'est un petit centre ; mais elle possède des curiosités artistiques qui piquent fortement la curiosité des touristes venant du nord ou y allant.

Nous prenons une rue déserte, la rue Sainte-Marie, aux nombreuses boutiques garnies de statuettes de marbre, et, en un instant nous nous trouvons en face de la fameuse *Tour penchée* de Pise.

Qui n'a pas entendu parler de cette tour? Et, à vrai dire, elle mérite la réputation qu'on lui a faite dans le monde. Bien plus que celles de Bologne dont je t'ai parlé dans une de mes précédentes lettres, elle semble prête à s'écrouler. C'est à peine si l'étranger ose s'en approcher : si un oiseau venait à se poser à son sommet et s'il en provoquait la chute! Rien que d'y songer j'ai peur !

Et, cependant, si je réfléchis, je comprends que je n'ai rien à craindre. Il y a près de huit cents ans que cette tour est telle que nous la voyons maintenant; et jamais elle n'a menacé de tomber : il n'y a même pas une seule lézarde !

Entièrement bâtie en marbre, de forme cylindrique, cette tour avec ses huit étages de colonnes superposées, a une hauteur de plus de 50 m. Et son inclinaison à l'extérieur, est d'environ 4 m.50. On peut bien l'appeler la *Tour penchée*, n'est-ce pas ?

Isolée sur la place, elle joue le rôle de Campanile du Dôme qui est à côté. La cathédrale, elle aussi, est construite en marbre. Comme toutes les églises d'Italie, elle renferme de beaux ornements artistiques : les peintures et les statues apparaissent dans tous les coins. Mais ce qui plaît surtout au touriste, c'est la vue de cette grande lampe de bronze qui est suspendue à la voûte et dont les oscillations mirent, dit-on, Galilée sur la voie de la théorie du pendule. Tu vois que je n'ai pas encore oublié ma physique !

Derrière le dôme, s'élève le Baptistère également en marbre et de forme circulaire : une coupole le surmonte. Intérieur très orné.

Enfin, sur la même place, existe le curieux *Campo Santo* de Pise dont on parle dans le monde entier. C'est un cimetière que les Pisans voulurent, au moyen âge, consacrer à leurs grands hommes. Il forme un vaste rectangle long de plus de cent mètres et large de plus de quarante. L'intérieur affecte la forme d'un cloître couvert, avec une cour au milieu.

Bien que ce Campo Santo ait été destiné à servir de cimetière, il ne renferme qu'un nombre très restreint de monuments funéraires ; et, sous ce rapport, il ne peut en rien être comparé aux autres cimetières d'Italie. Ce qui en fait le prix, ce sont les fresques qui ont été peintes par les vieux maîtres sur les quatre murs intérieurs du monument. En réalité, pour en apprécier le mérite, il faut être artiste; et j'avoue, à ma confusion, que je n'ai pas assez de notions artistiques pour pouvoir admirer, en connaissance de cause, les personnages naïfs et grotesques parfois, ainsi que les paysages primitifs, qui décorent le Campo Santo. Quoi qu'il en soit, il paraît que ces peintures ont une valeur inestimable et qu'elles font les délices des initiés.

Ces monuments visités, nous avons vu tout ce qu'il y a d'important à Pise. Aussi, ne nous amusons-nous pas à chercher vainement, à travers la ville, des curiosités que nous n'y trouverions pas.

Pourquoi nous retarder ici plus longtemps? Le temps est beau ; le soleil est magnifique. Quittons donc Pise et partons pour Gênes : nous aurons ainsi le loisir d'apercevoir, avant la nuit, le pays que nous traverserons.

Nous rentrons donc pour préparer nos bagages. Dans quelques minutes, nous allons nous rendre à la gare.

Adieu.

XIX

GÊNES

Gênes, le 16 novembre 189..

Vers trois heures, hier soir, nous avons quitté Pise par un temps splendide. La plaine immense que la voie traverse, en sortant de la ville, était admirablement belle sous les rayons de ce ravissant soleil d'automne dont nous jouissions depuis le matin. Les champs pleins de verdure, les arbres recouverts de leurs feuilles, les vignes vertes encore comme en plein été, malgré la saison avancée, tout était fait pour rendre ce tableau plus séduisant.

Pendant longtemps, le train roule ainsi au milieu de la plaine. Bientôt, pensons-nous, nous nous trouverons sur le rivage de la mer ; car nous nous dirigeons vers elle. Mais rien, jamais rien ! Et cependant, la chose n'est pas douteuse, nous ne sommes qu'à quelques pas de ses bords. La plaine se rétrécit à la fin ; la montagne reparaît à notre droite ; bientôt, nous passons au pied de ses derniers escarpements dénudés, rochers abrupts qu'aucune végétation ne vient embellir.

Quelques kilomètres encore, et nous nous trouverons dans le voisinage des célèbres carrières d'où l'on extrait ce marbre blanc si estimé que l'on désigne sous le nom de marbre de Carrare.

Puis, c'est La Spezzia, le grand port militaire, le Toulon de l'Italie. Ici, après s'être déjà laissé vaguement entrevoir à plusieurs reprises, la mer se montre tout à fait au milieu de l'encadrement de montagnes qui forment le golfe de La Spezzia. Plusieurs gros navires de guerre que surmontent de grands panaches de fumée, le sillonnent dans tous les sens.

Enfin, nous sommes revenus sur les bords de la mer ! nous allons, de nouveau, pouvoir longuement la contempler, et, jusqu'au moment où la nuit sera complètement venue, nous aurons la satisfaction de voir toutes les teintes par lesquelles passe le ciel, tandis que le soleil se couche à l'horizon, là-bas, à la surface de la mer ! . Comme ce coucher de soleil doit être beau !

Eh bien ! de même que nous n'avons pas pu apercevoir le Mont-Blanc, il est écrit que nous ne verrons pas ce coucher de soleil.

A peine avons-nous dépassé La Spezzia que le train s'engouffre dans un long tunnel. Enfin, nous en sortons et nous sommes sur les bords de l'eau. Quels tons délicats et quels reflets ! Et nous voici encore sous terre ! Patientons un peu : cela ne durera pas. Voici, en effet, reparaître le soleil. Mais une minute s'écoule à peine et nous entrons dans un nouveau tunnel. Oh ! c'est trop fort ! Encore un coup d'œil sur la mer ; et puis un autre tunnel ! Et cela se renouvelle ainsi constamment pendant plus d'une heure sur un parcours de plus de 40 kilomètres.

Oh ! que c'est agaçant d'être presque continuellement sous terre, d'en sortir un instant pour y rentrer encore et cela pendant un temps sans fin, tandis qu'on passe à côté d'un spectacle grandiose qu'on ne peut entrevoir qu'à la dérobée, alors qu'on voudrait être tout yeux pour s'extasier devant lui !

Combien nous avons moralement souffert de ne pas pouvoir contempler librement le beau tableau que nous avions devant nous, je ne saurais te le dire, ma chère Marie-Thérèse ; c'était un véritable supplice de Tantale !

Enfin, il a bien fallu en prendre son parti et se résoudre à vivre sous terre aussi longtemps que la chose serait nécessaire. Et, en attendant, le jour disparaît ; la nuit se fait profonde et tout regret cesse en nous : car, en plein air, nous ne verrions pas plus clairement que sous le tunnel.

Il est environ sept heures. Gênes ne doit pas être loin. Des lumières plus nombreuses se montrent au loin : on reconnaît que l'on est près d'une ville. En effet, voici la petite gare de Gênes, la gare du faubourg. Le train se remet encore en marche, passe sous un long tunnel et, quelques minutes après, il nous dépose à l'autre extrémité de Gênes, à la Gare Centrale.

Vite, nous nous faisons transporter à notre hôtel situé, en face de la mer, sur le port. Après un léger repas, nous nous retirons dans notre chambre, renvoyant au lendemain la visite de la ville.

Mal nous en a pris. Pendant la nuit, vers deux heures du matin, un orage épouvantable s'est déchaîné sur Gênes : le tonnerre gronde sourdement, les éclairs sillonnent fréquemment la rue, et une pluie torrentielle comme je n'en ai pas encore vue, se met à tomber. Et, elle ne cesse pas un instant pendant toute la nuit; au jour, elle tombe encore avec la même intensité ; vers huit heures, mêmes torrents.

Dans la rue, qui est sous nos fenêtres, les caves sont inondées et plusieurs personnes, à l'aide de pompes, sous la pluie battante, cherchent à faire écouler l'eau qui pénètre dans les maisons. Des gamins, sous une illusion de parapluie, pataugent dans la rue ; quelques rares passants que leurs affaires appellent loin de chez eux, circulent seuls sur les trottoirs ; les tramways ne marchent pas ; les pauvres chevaux de fiacre sont là, sur la place, attendant le client qui ne vient pas ; entièrement trempés, la tête basse, les oreilles lamentablement pendantes, ils semblent songer à l'épouvantable sort qui leur est réservé : on les prendrait pour des statues de la résignation.

Rien ne bouge dans le port : les navires

sont immobiles ; aucun mouvement sur leur pont. C'est que la pluie et l'orage continuent encore. La mer, aussi loin qu'on peut l'apercevoir, apparaît jaunâtre, souillée qu'elle est par l'eau venant de la ville et des hauteurs qui la dominent et au pied desquelles elle est bâtie en amphithéâtre.

Il est dix heures : la pluie vient de cesser. Ce serait bien le moment de sortir un instant pour aller voir un peu Gênes. Mais l'eau coule partout ; nous devrions d'ailleurs être rentrés à 11 h. 1/2 au plus tard pour déjeuner, si nous voulons rentrer en France par le train d'une heure, comme nous l'avons décidé.

Mais voilà qu'à l'instant, le patron de l'hôtel vient nous avertir que la ligne est rompue dans la direction de Vintimille et que le train ne passe pas. Pour une déconvenue, en voilà une déconvenue ! Nous qui étions si contents de rentrer aujourd'hui en France ! Eh bien ! nous aurons largement le temps de visiter Gênes en attendant que la voie soit réparée. Nous ne sommes donc pas pressés de sortir. Laissons revenir le beau temps.

Demi-heure plus tard, on nous avise que la ligne est rétablie et que nous devons nous mettre à table immédiatement si nous ne voulons pas manquer le train. A la hâte, nous mettons tous nos effets dans nos malles et nous descendons à la salle à manger. Tout à l'heure, nous prendrons la route de France.

Quant à Gênes, je ne puis rien t'en dire ; nous n'avons pas vu la ville. Tout ce que je retiens d'ici, c'est que parfois il y pleut bien fort !

XX

MARSEILLE

Marseille, le 18 novembre 189..

Après un voyage de 24 jours en Italie, nous voici revenus en France, après avoir parcouru, pour finir, toute la belle côte de la Méditerranée qui s'étend de Gênes jusqu'à Marseille. Côte splendide, paysages ravissants, mer bleue s'étendant à l'infini, sous nos regards, végétation luxuriante, orangers, citronniers, oliviers, palmiers etc., tout semble fait pour charmer les yeux et ravir l'imagination.

Dès Gênes, d'où nous sommes partis vendredi à l'heure dite, la ligne longe constamment les flots de la Méditerranée et se déroule sans fin au pied de la montagne dénudée qui domine la mer. Les beaux sites commencent presque immédiatement : la végétation se montre dans toute sa beauté et toute sa richesse. Des îles apparaissent de temps en temps, non loin du rivage; des vapeurs passent là-bas à l'horizon; le soleil, qui boudait le matin, a retrouvé tout son éclat. Et les villages qui sont bâtis sur le bord de la ligne, étincellent sous ses rayons. La route de la Corniche est tantôt à notre droite et tantôt à notre gauche. Parfois, on croirait qu'elle va se précipiter dans l'eau; mais, par un brusque retour, elle passe sous un rocher à pic qui paraît vouloir s'écrouler sur elle.

Et ainsi, toujours roulant vers la France, le train laisse derrière lui de nombreuses stations : c'est Savone ; c'est Port-Maurice ; c'est San Remo où l'empereur d'Allemagne vint autrefois essayer de rétablir sa santé chancelante ; c'est Bordighera, la dernière station avant la gare franco-italienne de Vintimille.

Vintimille ! nous voici presque à la frontière. C'est ici qu'est installée la douane française qui est passablement sévère.

Cinq heures viennent de sonner. Une heure d'arrêt et nous partirons pour la France. C'est là notre projet. Mais, au moment où nous voulons faire examiner nos bagages par la douane, nous nous apercevons qu'ils ne sont pas encore arrivés. Quel contretemps ! Et nous qui voulions le soir même aller coucher à Nice !

Mais il n'y a qu'à se résigner et à attendre. Dans la soirée, nos effets nous parviennent enfin, mais trop tard pour que nous puissions continuer notre voyage.

Nous sommes donc obligés de passer la nuit à Vintimille, dans ce petit recoin perdu au milieu des rochers, qui appartient encore à l'Italie.

Le lendemain, c'est-à-dire hier matin, dès huit heures, nous saluons pour la dernière fois la terre italienne. Bientôt, nous sommes à la frontière : voilà de nouveau les chemins de fer français avec des employés français qui parlent notre langue ; voilà les publications françaises étalées sous les yeux des touristes ; voilà les gendarmes français qui viennent, dans les gares, surveiller la circulation des voyageurs. Nous sommes chez nous ; nous sommes en France ; nous sommes plus près de toi, chère Marie-Thérèse, et dans deux jours, il me sera permis de t'embrasser et de te dire de vive voix tout ce que j'ai ressenti pendant le charmant voyage que nous venons de faire.

Avant neuf heures, nous arrivons à Monte-Carlo, ce bijou naturel où l'homme riche de tous les pays vient se délecter et perdre quelquefois sa fortune. C'est qu'ici nous sommes dans la principauté de Monaco, dans ce ravissant pays, n'appartenant ni à l'Italie, ni à la France, dont les heureux habitants ne sont pas astreints au paiement de l'impôt. Ici, les jeux de hasard de toute sorte sont permis : aussi, tous les joueurs de la terre s'y donnent rendez-vous et Dieu sait les sommes colossales qui se remuent chaque nuit, au Casino de Monte-Carlo ! Que de malheureux ruinés n'ont, après avoir perdu leur dernier louis, que la ressource d'aller faire un plongeon dans la belle mer qui vient briser ses flots au pied des rochers sur lesquels est bâtie la ville.

Mais quel beau paysage ! quelles belles constructions, quels beaux jardins ! Et des fleurs, des fleurs ; on en voit partout ! Heureux les mortels qui peuvent longuement vivre ici !

Monte-Carlo et Monaco — celui-ci, la capitale de la principauté — ne sont séparés que par une petite vallée au fond de laquelle a été également bâtie une nouvelle ville, La Condamine. De telle sorte que ces trois villes n'en forment en réalité qu'une seule dont l'entretien ne laisse rien à désirer.

Cependant, Monaco est moins orné et plaît moins à l'œil. Mais, c'est là qu'habite le Prince, dans un Palais entouré de murs ressemblant à des fortifications. C'est que ce souverain ne plaisante pas; il a des soldats, il a des canons, il a des boulets. Seulement, ces soldats ne sont qu'au nombre de 50 environ; ces canons datent bien du dix-septième siècle et les boulets probablement ne sont pas du même calibre que celui des canons. A cela près, le Prince est un des plus puissants souverains de l'Europe !!!...

Une heure nous suffit pour visiter cet Empire ! Nous prenons le premier train qui passe ; et cette fois-ci, nous nous rendons directement à Nice, où nous avons l'intention de déjeuner.

Dès que nous entrons en ville, nous sommes frappés par l'étalage que l'on fait ici des fleurs naturelles; la plupart des magasins sont garnis de fleurs, pas de fleurs ordinaires, mais de fleurs rares, de fleurs de luxe. Et, malgré la saison avancée, on se croirait au mois de mai. Quel doux pays que ce pays de Nice, où le soleil d'hiver a les rayons assez chauds pour faire sortir des plantes ces bijoux parfumés que colorent toutes les nuances de l'arc-en-ciel !

Les rues sont propres, bien alignées; les places sont ornées de verdure, de fleurs et d'arbres toujours verts. On sent que c'est ici le séjour des heureux de ce monde ! Sur le bord de la mer, s'étend un long boulevard que l'on désigne sous le nom de Promenade des Anglais et où les Français eux-mêmes, bien entendu, viennent aussi respirer l'air pur de la Méditerranée. Dans l'eau, en face de la promenade, en pleine mer, s'élève sur des piliers métalliques une vaste construction de plaisance : c'est le Casino où l'on vient écouter, au milieu de l'harmonie des flots, la musique des maîtres qu'on y joue à certaines heures de la journée. Etre là, sous les cieux, entre la voûte azurée et l'onde et entendre les plus belles mélodies de nos artistes, que peut-on rêver de plus charmant !

Mais l'heure de partir et de faire taire notre rêve, arrive. Il faut aller à la gare et continuer notre voyage sur le bord des flots, sur ce littoral toujours vert, toujours fleuri, toujours pittoresque.

Pendant près de 100 kilomètres, nous longeons encore la mer; et, devant nous, apparaissent successivement Saint-Laurent, Antibes, le golfe Juan avec ses navires de guerre, Cannes, la cité des roses, avec, en face, non loin de la côte, les îles de Lérins et notamment l'île Sainte-Marguerite où fut emprisonné Bazaine après la guerre de 1870. Plus loin, c'est l'admirable baie de la Napoule; c'est le golfe de Fréjus. Encore et toujours, le coup d'œil est ravissant; je ne puis sans cesse que me répéter.

Enfin, au moment où la nuit va arriver, la voie s'enfonce dans les terres qui sont inondées en ce moment : c'est, sans doute, le contre-coup de l'orage de Gênes. Et peu à peu, les ténèbres se forment complètes autour de nous : nous ne voyons plus rien.

Et, tandis que nous nous représentons dans notre esprit le chemin que nous avons parcouru depuis le matin, la locomotive roule toujours et nous dépose bientôt à Toulon où nous avons l'intention de dîner.

Nous n'avons pas eu le temps de visiter la ville, cette ville militaire et maritime, qui est, pour la France, le pendant de la Spezzia que nous avons vue, ces jours passés, en Italie. Mais dans quel hôtel infect ne sommes-nous pas tombés et quel triste repas nous y avons fait! Quelle est donc la divinité malfaisante qui nous a conduits dans cet établissement? Si nous devions juger Toulon par cet échantillon, nous n'en emporterions pas un brillant souvenir!

Mais nous n'avons pas le temps de récriminer : il faut déjà repartir; car, dans deux heures, nous devons être arrivés à Marseille. Et le train fait rage dans la nuit, sous les rayons de la lune qui se lève et qui argente, auprès de nous, les pics dénudés des montagnes dont le profil se dessine sur l'azur, le long de la ligne.

Enfin, nous sommes à Marseille, la grande cité méridionale. Il est onze heures de la nuit : les bruits de la rue commencent déjà à se calmer. Au milieu du silence relatif qui se fait en ce moment, nous nous rendons à la hâte à notre hôtel où nous nous reposons. . . . .

. . . .

. . . Cela se passait hier soir. Ce matin, de bonne heure, nous avons repris notre promenade accoutumée à travers les rues. Et lentement, au petit pas, nous avons parcouru la Cannebière, cette vaste artère qui fait l'orgueil des Marseillais ; et ma foi ! il y a de quoi : Paris n'a guère de rues aussi larges, aussi bien bâties et aussi fréquentées !

A son extrémité, se trouve le Vieux Port encombré de navires de toutes dimensions, dont les uns sont en déchargement, dont les autres sont à l'ancre sans mouvement, dont ceux-ci arrivent et dont ceux-là partent. C'est une activité sans pareille. Un peu plus loin, c'est le Nouveau Port ou Port de la Joliette, qui est plus large, plus étendu et partant moins encombré que le premier. Tout à côté, près du rivage, a été construite la cathédrale de Marseille dont les richesses intérieures sont loin d'égaler, malgré leur grande valeur, celles des Églises d'Italie.

Parmi les autres curiosités de Marseille, il convient de citer la vaste promenade du Prado, dont la longueur est considérable. Au centre de la ville, c'est le Palais de Longchamp, où se trouvent les musées et dont l'entrée monumentale, avec ses escaliers gigantesques et ses immenses torrents d'eau qui retombent en nappes jaillissantes, est d'un effet des plus saisissants. Enfin, c'est la hauteur au sommet de laquelle est bâtie N.-D. de la Garde et où l'on monte, soit à pied par des chemins tortueux, soit à l'aide d'un ascenseur.

De là, on jouit d'un coup d'œil inoubliable. D'une part, on a toute la ville de Marseille sous ses pieds; de l'autre, s'étend la mer à perte de vue, avec les forts de la côte, avec ses îles, — (particulièrement celle qui porte le Château d'If et que l'on va visiter en foule à cause de ses souvenirs historiques et parce qu'Alexandre Dumas y a transporté la scène de son *Comte de Monte-Cristo*), — avec le Vieux Port là devant vous, la Joliette un peu plus loin, et, partout, une forêt de mâts immobiles ou en mouvement qui donnent au tableau que l'on a sous ses yeux, un caractère d'instabilité qui surprend et qui subjugue. Enfin, à droite et à gauche, c'est la côte rocheuse, dénudée, sans habitations et sans cultures, qui s'étend de chaque côté de Marseille et tranche, par son aridité, avec celle que nous avons vue, ces jours derniers, en venant de Gênes à Nice. . .

. . . Ici, nous considérons notre voyage comme terminé. Je t'écris donc en ce moment ma dernière lettre. Demain matin, nous nous remettrons en marche et demain soir, ma chère Marie-Thérèse, je serai entre tes bras.

Comme tu l'as vu, j'ai tenu entièrement la promesse que je t'ai faite avant notre départ. Chaque jour, à peu près, je t'ai tenue au courant de mes impressions et de mes pensées ; chaque jour, je t'ai raconté les péripéties de notre voyage et t'ai fait parcourir avec moi les diverses curiosités que nous avons rencontrées dans les villes situées sur notre parcours.

J'ai le doux espoir que mes lettres t'auront intéressée. Aussi j'espère que tu les conserveras avec soin, précieusement dans quelque coffret intime où tu les déposeras enguirlandées de faveurs roses en souvenir de ce voyage de noces que nous terminons et pendant lequel le soleil s'est presque toujours montré radieux tandis que la lune de miel a brillé sans cesse, à nos yeux, sous un ciel toujours pur.

A bientôt, ma douce amie. Qu'il me tarde de déposer des baisers sur ton front et de pouvoir te dire tout le bonheur dont mon âme est remplie en ce moment.

Encore une fois, à bientôt.

Ta toute dévouée.

GEORGETTE.

L'ÉVOLUTION DE L'AMOUR

L'ÉVOLUTION DE L'AMOUR

I

« *Amor alma è del mondo.* »
(Le Tasse, *Rimes*).

L'amour est ce que la vie a de plus noble et de plus sublime.

Platon attribue à l'amour l'origine du monde.

La force qui unit et qui conserve toutes choses, l'harmonie qui règne dans la Création, le sourire de la beauté qui resplendit dans les cieux et sur la terre ; le désir ardent et irrésistible qui attire et confond deux âmes dans un baiser: tout cela, d'après Platon, c'est l'amour.

Mais la science, qui a fait évanouir tant d'illusions, nous a enlevé pour toujours ces gracieuses images.

Au puissant frémissement de l'amour, auquel on attribuait l'origine des mondes, elle a substitué l'aveugle tournoiement des nébuleuses.

Sur le trône où était assis l'amour infatigable, l'amour qui présidait à l'harmonie de la Création, la science a placé une aride formule mathématique, la loi de Newton.

Chassé du monde inorganique, le Règne de l'amour a perdu en étendue ce qu'il a gagné en élévation et en beauté.

L'homme, pénétrant plus profondément dans les épaisses ténèbres de la nature et de la vie, tend à découvrir le mystérieux labeur de ces dernières et nous ouvre de nouveaux et lointains horizons où l'amour cherche à affirmer son empire.

L'amoureux, contemplant l'héliotrope qui suit le soleil dans sa lumineuse carrière et se penche, plein de tristesse, lorsque celui-ci se couche, peut bien supposer que c'est un frémissement d'amour — comparable à la douce émotion qu'il éprouve lui-même en présence de sa bien-aimée, — qui secoue les délicates fibres de cette fleur à la vue de l'astre du jour.

Par une belle matinée de printemps, arrêtez-vous et regardez ces milliers de brillants insectes qui bourdonnent autour des fleurs. Celles-ci, par leur parfum subtil et par leur beauté que caractérisent des teintes multiples, cherchent à les attirer et attendent, anxieuses, que l'insecte vienne se poser dans leur sein et y apporter, avec ses ailes d'or et ses baisers, le pollen qui doit les féconder. Si vous avez quelque peu l'âme d'un poète, vous trouverez là l'image, non seulement de l'ardent désir de la jeune fille qui rêve et attend qu'un ange vienne l'enlever, mais encore de l'intime ivresse qui pénètre et agite tout être qui boit, à longues gorgées, dans le calice de l'amour.

Qui sait, d'ailleurs, si la fleur, lorsque l'insecte qui doit la féconder recherche son sein pour y sucer sa lymphe la plus pure, ne ressent pas elle-même comme une convulsion d'amour?

Mais la vie des plantes est trop humble pour qu'elle puisse être visitée par l'amour. C'est chez les animaux et chez l'homme que son divin rayon *apparaît* et *resplendit*.

Un profond naturaliste, M. Balbiani, a observé que certains animalcules microscopiques, tels que les noctiluques et les vorticelles, s'unissent entre eux et confondent leurs corps dans une masse unique d'où naissent plus tard des créatures d'une infinie petitesse.

Si ce phénomène, appelé *zigosis*, n'était pas entièrement matériel, il représenterait le degré le plus élevé de l'intensité de l'amour.

La fusion en un seul corps de deux êtres qui s'aiment, est la chose la plus sublime que l'esprit humain puisse imaginer.

Au mélancolique poète qui chantait :

> « *Il y a deux belles choses au monde :*
> « *L'Amour et la Mort.....*

répondent réellement quelques insectes, qui meurent à l'instant où ils adressent un hymne éperdu à l'amour. C'est leur profonde ivresse qui les tue. Quelque beau et quelque enviable que ce sort eût pu paraître à Léopardi qui a soutenu, dans un de ses dialogues, que le prix de la vie ne consiste pas dans sa longueur, mais dans l'intensité des sensations ; néanmoins, cet amour, qui disparaît comme un éclair en même temps que la vie, laisse en nous un sentiment de tristesse et nous fait désirer de voir se prolonger l'existence des deux êtres, afin qu'ils puissent savourer plus longtemps leurs jouissances.

Il semble donc que la nature dise aux vivants : Il vaut mieux goûter des lèvres au calice de l'amour que de se noyer dans le liquide qu'il renferme.

Mais si, parmi les animaux qui s'élèvent dans l'échelle zoologique, on ne paie pas de la vie les délices que procure l'amour ; cependant ce n'est pas sans douleur et sans peine qu'on les éprouve.

Une ancienne fable raconte qu'à l'origine, le mâle et la femelle étaient unis dans un seul corps et que Jupiter, voulant humilier cet être monstrueux et superbe, en fit deux créatures séparées.

La science a confirmé et expliqué cette fable. Chez quelques animaux inférieurs, on trouve encore réunis, sur le même individu, les organes des deux sexes. Mais, parmi les êtres plus élevés, la division du travail physiologique a eu pour résultat de les placer sur deux individus distincts, le mâle et la femelle, qui, dès lors, se recherchent avec une anxiété irrésistible pour s'unir et se compléter mutuellement.

Toutefois, pour atteindre ce but si désiré, quelles admirables préoccupations ! quelle richesse et quelle variété de moyens ! que de peines !

A vous, belle Dame, qui vous parfumez

voluptueusement, je vous dirai que beaucoup d'animaux connaissent mieux que vous cet ingénieux artifice.

Voyez-vous cet insecte dont les émanations déplaisent à votre odorat?

Eh bien! ces émanations sont une arme puissante dont l'amour se sert pour attirer l'autre sexe et l'exciter.

Les âcres parfums qui étaient de mode autrefois, tels que ceux qui émanent des castors, des muscs, des blactocères, des pampas, sont sentis à plusieurs kilomètres de distance par les femelles de ces animaux, qui accourent pour s'abandonner aux étreintes de leurs amants.

Aux jours du printemps, n'avez-vous pas vu des insectes semblables au rubis et à la topaze s'ébattre et bourdonner au milieu de l'herbe pleine de rosée, et des papillons aux ailes brillantes voltiger sur les fleurs?

Et, pendant les nuits d'été, n'avez-vous pas remarqué les feux des lucioles au milieu des prés ?

Toutes ces couleurs et toutes ces lumières — n'en doutez pas — ont pour but d'attirer l'attention des femelles et de les décider à faire leur choix d'amour.

Mais ce n'est pas seulement à la beauté et à la splendeur des formes que les animaux font appel pour séduire : la musique vocale et instrumentale vient encore à leur secours.

Notre grillon rustique qui se place, le soir, sur le bord de sa retraite et fait entendre sans trêve ni repos sa voix stridente, nous semble ennuyeux : et cependant sa femelle l'entend et se rapproche de lui.

Alors, dit Bate, aux notes plus élevées succèdent d'autres notes sur un ton plus bas, tandis que l'heureux chantre caresse de ses antennes le prix qu'il a gagné.

Et ce rossignol, qui s'égosille à lancer dans les airs ses douces mélodies, il peut se faire que, tout à l'heure, après avoir cessé de chanter, il tombe mort (1), si aucune femelle ne répond à ses appels; si celles-ci sont allées s'offrir en récompense à d'autres virtuoses plus suaves et plus harmonieux que lui !

Le *verzellin* ne se contente pas des accents les plus tendres. Il se pose comme le coucou sur une branche, il soulève les plumes de son cou comme fait le coq, aux temps de l'amour, il étale sa queue, se tourne et se retourne, s'élève tout à coup dans l'air et, d'un vol interrompu, à la manière des chauves-souris, tantôt se jette

---

(1) Les rossignols chantent jusqu'à ce qu'ils succombent à la rupture d'une veine pulmonaire. (Darwin, *L'origine de l'homme*, seconde partie, ch. xiii, pag. 339).

d'un côté, tantôt de l'autre, et puis retourne à sa première place pour continuer son chant. Toutes ces diverses attitudes servent à démontrer à sa bien-aimée l'intensité de son amour.

A coup sûr, aucun galant Sigisbée ne saurait courtiser d'une manière plus élégante la dame de ses rêves.

Aucune amoureuse épousée ne saurait orner son lit nuptial avec un soin plus délicat que la *clamidera maculata* qui construit, avec un art ingénieux, des treillages qu'elle orne de plumes, de coquillages, d'ossements, pour y accomplir ses jeux amoureux.

« Ce vaste langage, aux formes infiniment multiples, mime et symbolise l'amour avant sa consommation. Mais c'est qu'en réalité il est dû dans son principe aux mouvements produits chez le mâle par l'excitation érotique s'irradiant dans toutes les parties de l'organisme; et, à ce point de vue, il est le préambule de l'union sexuelle; il en constitue le premier acte.

« Par lui, l'image du mâle se grave dans la conscience de la femelle et l'imprègne en quelque sorte pour déterminer chez elle, à mesure que les effets de cette représentation descendent dans la profondeur de son organisme, les modifications physiologiques les plus favorables à l'amour. » (ESPINAS).

Mais ce n'est pas seulement par l'élégance et l'amabilité que l'on conquiert l'amour : le courage et la vigueur jouent, eux aussi, un rôle important en cette matière.

Les animaux luttent entre eux, non seulement pour l'acquisition des choses nécessaires à la vie, mais encore pour la possession de la femelle.

Le besoin de l'amour, lorsqu'il s'éveille, occasionne parmi les animaux de profonds changements physiologiques, identiques à ceux qu'on observe chez l'homme et chez la femme lorsque survient l'âge de la puberté. C'est ainsi que les mâles acquièrent des armes et des ornements qu'ils n'avaient pas auparavant. Ils deviennent plus sensibles au contact du monde extérieur : s'ils étaient sédentaires, ils deviennent nomades ; s'ils étaient timides, ils deviennent courageux ; et il arrive souvent que, pendant plusieurs jours, ils ne se préoccupent pas de chercher de la nourriture, tant est fort le désir d'aimer.

Thomas Moore, dans son poème *Les Amours des Anges*, décrit comme une soif ardente d'amour terrestre a fait égarer ces divines créatures sur les routes du Ciel. Par là, le poète a peut-être voulu démontrer l'omnipotence de l'amour et faire voir qu'il peut se transformer en frénésie.

Or, que diriez-vous si j'osais vous affirmer que la fable poétique de Moore devient une réalité dans la vie des fourmis ?

« Rien dans ce monde, écrit Brehm, ne peut donner une idée du tumulte et de la confusion qui éclatent dans une fourmilière, lorsque l'heure de l'amour approche.

« Au milieu du bourdonnement des fiancés délirants de plaisir, oublieux de tout, courent précipitamment des individus privés d'ailes, les ouvrières, qui les attaquent, surtout ceux qui paraissent le plus absorbés, les mordent, les enlèvent malgré eux, à tel point qu'on croirait qu'ils veulent les tuer.

« Mais telle n'est point leur intention : ils veulent uniquement les rappeler à l'obéissance et les faire rentrer en eux-mêmes.

« Ces vierges pleines de sévérité surveillent les amoureux et président à la solennité des noces, à la véritable fête populaire.

« Mais le spasme dégénère en folie ; la foule ailée s'élève en tourbillonnant dans les airs et, au milieu d'alternatives d'ascension et de chute, elle arrive à une certaine hauteur et va se perdre dans le lointain. Là-haut, au sein de l'éther, a lieu l'hymen ; à la suite, les femelles retombent auprès de leur nid, sont saisies par les ouvrières et portées à leur domicile où elles se voient arracher leurs ailes, si elles ne les perdent pas naturellement ».

De même que les Anges de Moore perdirent, après le péché, la puissance de leurs ailes, de même les fourmis perdent, elles aussi, leurs ailes après avoir goûté à la volupté suprême, mais pour les acquérir encore à la nouvelle saison des amours.

La nature, comme vous le voyez, est encore plus riche que l'imagination des poètes.

Mais l'ardent désir qui pousse les mâles à poser leurs lèvres à la coupe de l'amour et qui est la cause de leur mort, a pour compagnon la haine qu'ils ressentent contre les autres mâles, lesquels sont pour eux un obstacle à la possession de la femelle.

C'est de cette rivalité que naissent de sanglantes luttes parmi les animaux.

Si la loi des batailles, comme l'a appelée Darwin, est le triste apanage des animaux les plus élevés, il faut toutefois reconnaître que les combats ne sont pas rares parmi les êtres inférieurs.

Des hyménoptères, comme *la cercère*, des coléoptères, comme *le scarabée hercules* et d'autres encore, combattent pour la conquête de la femelle. Les papillons eux-mêmes, malgré leur fragilité et leur délicatesse, sont batailleurs ; et une *apatura* a été prise avec les deux ailes brisées à la pointe dans un duel avec un autre mâle (DARWIN).

Le même fait se produit chez quelques poissons, chez beaucoup de reptiles et chez un grand nombre d'oiseaux.

Mais c'est surtout chez les mammifères que les combats d'amour sont presque généraux et fréquemment souillés de sang.

Je ne décrirai pas les luttes sanglantes et terribles des lions, des tigres, des léopards, des jaguars et des loups ; pas plus que celles des taureaux, des bisons et des bœufs musqués, « qui se tuent entre eux en grand nombre, de telle façon qu'à la saison des amours, il y a notablement plus de femelles que de mâles (Houzeau) » ; je ne parlerai pas de l'acharnement avec lequel se battent les cerfs et les daims ; je ne dirai pas comment, dans la chaleur de la lutte, ils se précipitent souvent à travers les rochers et comment ils meurent avec leurs cornes mutuellement enfoncées dans leur chair ; qu'il vous suffise de savoir que les animaux les plus timides eux-mêmes combattent entre eux avec la rage du désespoir pour la satisfaction de leurs désirs amoureux.

Darwin et Brehm affirment avoir vu deux lièvres mâles lutter entre eux jusqu'à ce que l'un deux restât mort.

Les chevaliers du moyen-âge qui, pour

la *joy d'amour* (1), combattaient dans les tournois, en champ clos, pour les beaux yeux de la dame de leurs pensées, ne faisaient au fond que suivre une coutume qui paraissait galante, mais qui, en dernière analyse, imitait celle des bêtes.

(1) Au temps de la Chevalerie, « l'entrainement, l'enthousiasme amoureux » s'appelait *joy*. C'était cet enthousiasme qui donnait lieu aux défis, aux fêtes chevaleresques, aux joutes, aux tournois. Dans les relations entre chevalier et dame, l'amour avait quatre grades obligatoires. Le premier était celui d'*hésitant*, le second, celui de *suppliant*, le troisième, celui d'*exaucé*, et le quatrième, celui d'*ami*. Pour ce dernier grade, il existait une cérémonie spéciale et solennelle. « A genoux devant la dame et ses deux mains dans les siennes, le chevalier jurait de lui être fidèle et dévoué jusqu'à la mort et de la protéger dans la mesure de ses moyens contre tout mal et contre tout outrage ; et la dame déclarait accepter ses services et lui accordait son affection. En signe d'union, elle lui présentait un anneau et puis le relevait en lui donnant un baiser ! L'union entre la dame et le chevalier était habituellement bénite par le prêtre, élevant ainsi l'amour libre à la solennité du mariage. La théorie de l'amour chevaleresque excluait rigoureusement tout acte de sensualité ». — C'était le supplice de Tantale ; mais parfois Tantale finissait par boire !

II

Chez les animaux invertébrés, qui ont les sexes distincts, l'union du mâle et de la femelle est un acte passager, et l'amour est fugace comme l'acte lui-même.

Chez les animaux vertébrés, au contraire, le mâle, même après le temps de l'amour, reste plus ou moins longtemps avec la femelle, partage avec elle les soins domestiques et ceux qui se rattachent à l'alimentation, à la défense et à l'éducation de la progéniture.

Laissant de côté les degrés les plus bas

de l'échelle zoologique où l'on rencontre cependant quelques cas d'affection conjugale, je dirai que c'est parmi les oiseaux et les mammifères que cette dernière trouve sa forme la plus tendre et la plus poétique.

Les oiseaux, pour la plupart, sont monogames. Leur union, ordinairement, dure une seule saison. Chez quelques espèces cependant elle se prolonge pendant plusieurs saisons, et chez d'autres pendant la vie.

Beaucoup de familles de passereaux, de rapaces, de chasseurs et, en particulier, les perroquets nous offrent de singuliers exemples d'amour conjugal.

Les perroquets surnommés inséparables sont toujours l'un à côté de l'autre; même pendant le sommeil, le mâle recouvre amoureusement la femelle de ses ailes ; et si, pour cause de mort ou pour toute autre raison, l'un des deux époux reste seul, il meurt invariablement de douleur.

Le pivert, la tourterelle, le bouvreuil et le cardinal sont de fidèles et affectueux conjoints; si l'un meurt, la douleur de l'autre est inconsolable : d'ailleurs, il reste veuf jusqu'à la fin de sa vie.

Quant à l'homme, ce roi de la Création, il est rare qu'il aime avec une pareille affection.

Il est vrai que chez quelques peuples, les veuves se laissent brûler ou ensevelir vivantes avec le corps de leur défunt mari; mais ce n'est pas l'amour qui les pousse à faire le sacrifice de leur vie, mais bien une déplorable coutume due à la fausse croyance qu'elles iront tenir compagnie au défunt, dans le royaume des ombres.

On raconte qu'un philosophe chinois,

se trouvant sur le point de mourir, recommanda à sa femme, qui lui jurait un éternel amour, de ne pas épouser un autre homme avant que la terre de sa tombe ne se fût desséchée. — Tout en pleurs, celle-ci le lui promit et au delà. Le mari mort, avec une régularité exemplaire, on la vit chaque jour sur sa tombe.

Le cas parut admirable ; mais, plus tard, on apprit que l'inconsolable veuve n'allait pas sur la tombe de son mari pour y pleurer, mais bien pour souffler dessus avec un grand éventail afin de dessécher rapidement la terre et de hâter ainsi la célébration de son nouveau mariage.

En Chine, ce n'est là qu'une fable ; mais, chez nous, que de fois, hélas ! elle se rapproche de la vérité !

Le pingouin de Patagonie accompagne constamment sa femelle et a pour elle des égards pleins de délicatesse. Si, par aventure, elle vient à être attaquée, au premier cri qu'elle pousse, il accourt, et, sans tenir compte de la force de l'adversaire, il se lance sur lui avec une fureur extrême et ne cesse de lutter que lorsqu'il est mort.

L'homme ne serait pas toujours capable de donner de semblables preuves de courage et d'abnégation. Mais l'homme est un mammifère; et les mammifères, en amour, sont moins affectueux et moins tendres que les oiseaux.

En effet, un grand nombre de mammifères, après l'hymen, se séparent de leur compagne et ne conservent aucun souvenir des heureux moments qu'ils viennent de passer avec elle.

Chez certains même, la chose est bien pire. Le *criquet* frappe mortellement sa femelle, s'il la rencontre après le temps des amours (Brehm).

Mais cela n'empêche pas d'ailleurs que, chez certaines espèces de mammifères, le mâle et la femelle ne restent ensemble pendant quelque temps.

En commençant par les arvicoles et en s'élevant jusqu'aux singes, on voit que la société conjugale tend toujours à devenir plus constante et plus durable.

Le mal est que les mammifères sont presque tous polygames; et cette forme d'union est une cause de jalousie; elle fait prédominer la force au détriment de l'amour.

Les femelles du singe caressent leur sultan; elles le délivrent quelquefois des insectes et des épines qui le font souffrir; quant à lui, il traite ses odalisques avec dureté. Il est vrai qu'en cas de danger, le mâle pousse un cri infernal et s'élance avec un courage indomptable pour courir à la défense de ses femelles et de ses petits. Toutefois, on ne doit pas attribuer cela à l'amour, mais bien à ce fait qu'il est le chef de la bande, qu'il en est le gardien et le protecteur.

La monogamie seule est capable de donner un peu de tendresse et de poésie aux palpitations de l'amour.

En fait, les preuves d'affection conjugale abondent chez les mammifères monogames. Le mâle de la baleine, du cachalot, du lamantin et du dugond défend héroïquement sa compagne et aime mieux mourir avec elle que de l'abandonner. Les pêcheurs, qui connaissent cette affection, cherchent à s'emparer des femelles, persuadés que les mâles viendront après elles pour les défendre et partager leur sort.

Le lion ne défend pas seulement sa femelle en cas de péril. Il va encore à la chasse pour elle et « il pousse la délicatesse jusqu'à mettre le butin à sa disposition et à ne commencer à manger que lorsqu'elle a apaisé sa faim » (Brehm).

Jetant un regard en arrière, il nous est facile de noter que l'amour dédaigne de réchauffer de ses divins rayons les créatures inférieures ; qu'il fait une passagère et timide apparition parmi les êtres qui occupent une place plus élevée dans l'échelle zoologique et qu'il resplendit de tout son éclat parmi les animaux supérieurs.

Voyons maintenant quels prodiges sait produire l'amour dans la race humaine.

III

La tradition biblique, qui fait l'homme à l'image de Dieu et le place dans un lieu de délices pour y jouir d'un bonheur parfait et éternel, est bien belle. Mais la chute de l'homme est infiniment plus belle et plus sublime.

Milton aurait fait un poème plus admirable et plus humain si, au lieu de rejeter la faute de notre première mère à *l'horrible manœuvre du malin Satan*, il l'avait attribuée à la toute-puissance de l'amour. A quoi sert-il, en effet, que Dieu,

« *Lorsqu'il créa l'homme, lui fit le double don*
« *D'être heureux et d'être immortel* » ?

A quoi sert-il qu'il ait offert à nos premiers parents un Paradis,

« *Habitation digne de Dieux,*
« *D'agréables promenades, des ombrages délicieux* ».

de ravissants bocages, et des prairies émaillées de fleurs qui n'éclosent point ailleurs ? Quel prix pouvaient avoir tous ces dons aux yeux de l'homme, que l'Eternel avait condamné à vivre sans amour ? Au milieu des sublimes beautés de l'Eden, l'homme sentait qu'il lui manquait quelque chose ; il éprouvait un désir ardent de se plonger dans l'inconnu ; il ressentait une force secrète qui le poussait à aimer, et c'est à cette force, plus puissante que Dieu lui-même, qu'il dut sa chute.

La chute de l'homme donc, si la tradition biblique était vraie, serait le plus grand, le plus épique triomphe de l'amour. Mais hélas! l'homme primitif, l'Adam de la science, fut moins heureux que l'Adam de la Bible et ne lui ressembla guère!

Dès le premier instant de son existence, l'homme primitif se trouva soumis aux dures lois de la nature. Pour lui, point d'Eden, pas le moindre rayon de bonheur! Condamné à lutter pour vivre, il sentit ses membres déchirés par la dent des bêtes féroces; il vit le sol rougi par son sang. Bourreau plutôt que victime, il sourit d'une sauvage satisfaction à la vue de l'agonie de l'animal qu'il avait abattu de ses mains. Entreprenant et infatigable, il disputa pied à pied la possession du sol aux brutes, ses ennemies, et, adaptant son corps aux rigueurs du climat glacial, au soleil ardent de l'Equateur, à l'atmosphère empoisonnée des vallées, aux vents, à la pluie, à la sécheresse des déserts, il parvint à se répandre et à exercer sa domination sur toute la terre.

Ce n'est pas seulement contre les forces de la nature et contre les animaux que les hommes eurent à combattre : ils durent encore lutter contre leurs semblables.

Aussi, l'histoire de l'homme se résume-t-elle en une interminable série de batailles livrées d'individu à individu, de tribu à tribu, de peuple à peuple. L'apothéose de *l'inique raison du plus fort :* voilà la véritable épopée de l'humanité.

Quoi d'étonnant alors si les premiers hommes, poussés par le besoin génésique, ont, à l'imitation de bêtes sauvages, combattu entre eux pour s'emparer des femmes ?

Mais l'amour a horreur de la violence. L'Australien qui se tient aux aguets et s'élance comme un tigre sur la première jeune fille qu'il aperçoit ; qui l'étourdit à coup de dowak ; qui l'entraîne évanouie et toute couverte de sang dans le bois voisin, satisfait brutalement sa passion, mais il n'aime pas.

Aussi, la femme n'est-elle pas la compagne, mais bien l'esclave soumise et méprisée de l'homme qui la frappe, la maltraite, la blesse et, en cas de nécessité, la dévore.

Lorsqu'on pense que le rapt violent fut général dans les premiers âges de l'humanité ; lorsqu'on songe que la femme fut universellement considérée par l'homme comme le plus misérable des animaux domestiques, on comprend bien que l'amour, qui est seulement le *lot des cœurs bien nés,* ne pouvait pas s'abaisser et s'abriter dans la poitrine d'hommes aussi brutaux et aussi grossiers.

Pendant cette période de violence, il a existé quelque chose qui ressemblait à l'amour ; mais ce n'était que le triomphe de la brutalité et de la force.

Hearne rapporte que, chez les Indiens de la Baie d'Hudson, « une antique coutume veut que les hommes combattent pour la possession de la femme qu'ils désirent ».

Richardson ajoute que, chez les Indiens Rames, « tout homme peut en provoquer un autre et, s'il est vainqueur, prendre la femme de son adversaire ».

La même coutume existait chez les Tuskis, les Australiens du Queensland, les Guaranis de l'Amérique méridionale, les Dogribs, les Tinneks et chez beaucoup d'autres peuples.

En pareils cas, il semblerait que celui qui affronte le danger d'être blessé ou tué, en cherchant à s'emparer d'une femme, doit l'aimer ardemment. Mais ce n'est qu'une illusion. Les sauvages se battent entre eux pour les motifs les plus futiles : les femmes servent aux plaisirs génésiques et sont considérées comme des bêtes de somme. Il est donc tout naturel que les hommes s'en disputent la possession. L'amour, — cela n'est pas surprenant — n'a ici aucune place.

Cependant le rapt des femmes donne habituellement naissance à des haines et à des dissensions ; et lorsqu'il se produit au détriment d'une autre tribu, il n'est pas rare qu'il ne conduise à des représailles et à des guerres exterminatrices. Souvenez-vous que la tradition attribue la guerre de Troie au rapt d'Hélène ; souvenez-vous encore que les Romains et les Sabins en seraient venus à verser des flots de sang, si les jeunes filles ravies ne s'étaient interposées entre leurs parents et leurs époux.

C'est pourquoi, lorsque les hommes, grâce à l'introduction parmi eux de l'agriculture et du pâturage, commencèrent à posséder des troupeaux et autres choses utiles à la vie, au lieu d'enlever les femmes, ils préférèrent les acheter afin d'éviter des représailles et des vengeances. Mais la femme pour la possession de laquelle l'homme paie à ses parents une tête de bétail ou un autre objet quelconque, n'a que la valeur de la chose donnée en échange. Aux yeux du mari, elle n'est qu'une marchandise qu'il peut troquer, vendre, louer et même détruire.

Dans la Nouvelle-Zélande, le père ou le frère, en donnant sa fille ou sa sœur à l'époux, lui dit : « Si vous n'en êtes pas content, vendez-la, tuez-la, mangez-la ».

Chez les Yaribos, les femmes, à la mort de leur mari, si elles n'ont pas d'enfants, sont vendues comme des animaux domestiques. En Grèce, le mari avait le droit de léguer par testament sa femme à quelqu'un de ses amis. C'est ce qui arriva à la mère du grand Démosthène. En Afghanistan, l'usage de louer les femmes est fort répandu.

Dans le Groënland, on va même jusqu'à les prêter ; ce qui ne doit pas trop nous étonner si l'on pense que Socrate prêta sa femme à Alcibiade, et Caton à Hortensius.

Le mépris et la misérable condition dans laquelle vit la femme sous le régime du mariage par achat, démontrent que l'amour se tient à l'écart des unions qui ont pour fondement un vil marché.

L'amour est d'essence trop divine pour qu'il puisse s'acquérir à l'aide de l'argent. Cependant, il est fort capricieux ; et parfois on le voit briller, comme un diamant, au milieu de la fange elle-même.

Chez les peuples où règne la coutume d'acheter les femmes, ce sont les parents ou les frères qui vendent, à leur guise, leur fille ou leur sœur, comme s'il s'agissait d'une véritable marchandise.

Toutefois, il n'est pas rare qu'une jeune fille vendue à un homme qu'elle n'aime pas, abandonne celui-ci pour aller habiter avec l'élu de son cœur.

« Une enfant Caribi, furieuse d'avoir été vendue à un vieux qui avait déjà trois femmes, et, parmi elles, une de ses sœurs, prit la fuite et alla vivre avec un jeune Esséquibo ».

Mais toutes n'ont pas cette fortune.

« Souvent des parents avares vendent leurs filles à des vieillards impotents et hideux et, si elles se révoltent, elles sont contraintes au mariage à l'aide de coups et de sévices sans fin. — Nauhaus a vu chez les Zoulous une jeune fille à laquelle on avait presque entièrement brûlé les mains. — Une autre se noya plutôt que de consentir à un mariage qui ne lui convenait pas. — Une troisième s'empoisonna, dès qu'elle fut mariée ». (MANTEGAZZA.)

De tels holocaustes ne sont pas dus à l'amour, mais à l'horreur d'être obligé de vivre sans lui.

Chez les Ostiaques, au contraire, c'est l'amour qui, plus d'une fois, pousse une jeune fille à se faire ravir par un jeune homme qui ne peut pas payer le *kalim*, c'est-à-dire le prix qui est dû à ses parents.

Bien plus délicat et bien plus poétique est le cas de ces jeunes gens qui vont, en qualité d'esclaves, servir, pendant un certain temps, leur futur beau-père afin d'obtenir sa fille en mariage.

Jacob, amoureux de Rachel, servit Laban pendant sept ans ; alors celui-ci, par tromperie, voulut lui donner Lia. Jacob, dans ce cas, pour avoir l'ange de ses rêves, se soumit à travailler pendant sept ans encore au profit de son infidèle beau-père. — Et ce n'est pas là un fait isolé. La coutume de gagner ainsi la femme que l'on aime a existé et existe encore parmi les indigènes de l'Amérique centrale et de l'Amérique du Nord, chez les Mayas, les Bengalais et autres peuplades.

A coup sûr, un homme qui travaille et se fatigue pendant longtemps, pour obtenir la main d'une jeune fille qu'il a tant désirée, ne peut que l'aimer et la chérir tendrement.

L'expérience prouve précisément qu'il en est ainsi.

Mais ce n'est pas toujours l'homme qui achète la femme : chez quelques peuples, prétendus civilisés, c'est la femme qui achète l'homme.

Hérodote et Strabon racontent qu'il existait, chez les anciens Assyriens, une loi en vertu de laquelle, chaque année, à une époque déterminée, toutes les jeunes filles à marier se rassemblaient sur la place publique. Là, par l'intermédiaire d'un crieur public, on vendait au plus offrant et dernier enchérisseur les jeunes filles les plus belles ; ensuite, avec les sommes provenant de cette vente, on offrait les jeunes filles laides auxquelles on promettait une somme en argent. Celui qui les acceptait pour un prix moindre devenait leur époux.

Voilà la première origine de la dot, avec toutes les conséquences qui en découlent. Pour « l'exécrable soif de l'or », voilà l'homme qui accepte au besoin un monstre, qui lie son existence à un être qu'il n'aimera jamais, qui sera pour lui un objet de dégoût et une charge !

Chez les Assyriens, les femmes qu'on épousait pour leur dot étaient laides, il est vrai, mais au moins elles étaient jeunes.

— Dans notre société, au contraire, il arrive souvent que ce sont les vieilles qui achètent leurs maris.

Oh ! comme ces mariages sont abominables ! Comme ils sont honteux et infâmes !

L'homme qui se laisse acheter par la dot, devient le vil serviteur de sa femme.

A Rome, on donnait une dot pour améliorer, dans une certaine mesure, la condition de la femme, qui était moins considérée qu'une esclave. Mais l'argent fut plus fort que la loi, et on vit la femme dotée commander à son mari.

Plaute, dans l'*Asinaria*, fait dire à Demenetus que sa femme traitait moins bien que son esclave Sauria :

« *Il m'a plu d'avoir de l'argent, et, pour la dot,*
« *J'ai vendu le droit de commander* ».

Ayant osé, à un moment donné, critiquer un défaut de sa femme, celle-ci le menace en ces termes :

« ... *Laisse-moi donc faire.*
« *Reviens chez toi. Je te ferai voir*
« *Ce qu'il en coûte à un mari*
« *De reconnaître des défauts à une femme*
« *Qui lui a apporté une dot. . . . .* »

Hélas ! combien de fois se reproduisent

aujourd'hui des scènes pareilles, dans le secret de la vie domestique, chez ces époux qui ont sacrifié leur bonheur à leur désir immodéré d'argent !

Oh ! il est bien certain que l'amour a besoin d'un nid doux et chaud pour pouvoir vivre et prospérer !

La misère, sauf quelques rares exceptions, est l'ennemie de l'amour. Mais lorsque l'homme possède assez de fortune pour faire vivre une famille dans l'aisance, que ne cherche-t-il une compagne vertueuse et aimante ? Que ne s'unit-il, sans se préoccuper de la dot, à quelque jeune fille qui l'adore et qui pourrait le rendre heureux jusqu'à la fin de ses jours ?

Lorsqu'une jeune fille possède un riche patrimoine, quel besoin d'aller chercher un mari qui soit aussi riche qu'elle, pour sceller l'union, non pas de leurs âmes, mais bien de leurs revenus?

A quoi leur sert-il d'habiter de beaux palais, d'avoir des diamants, des équipages, de briller au sein des fêtes, lorsque la vie n'est pas réjouie par un sourire de l'amour ! Qu'est-ce que tout ce bruit mondain qui les entoure, lorsque leur cœur est froid comme un sépulcre ! Mieux vaut cent fois, à coup sûr, la pauvreté que vient visiter l'amour, que cette sorte de richesse qui a pour apanage la vanité, l'indifférence et souvent le vice et l'ignominie.

Les mariages d'argent, les mariages de *convenance* abrutissent l'homme et la femme; ils les privent tous les deux des élans de l'amour, des charmes les plus élevés de la vie. Les sens non apaisés et le cœur vide les poussent à chercher en dehors du foyer domestique cette divine étincelle qui fait aimer l'existence et la rend heureuse. Et souvent ils ne trouvent que le sourire railleur d'un faux amour, que la vulgaire ivresse des sens, la corruption, le remords !

IV

L'amour vrai, l'amour intense, l'amour qui s'élève jusqu'aux régions les plus sublimes du sentiment et de la vie, est, par nature, exclusif. C'est un Dieu qui veut commander seul, un Dieu tyranniquement jaloux de son bien.

Aussi, partout où règne la polygamie et la polyandrie, l'amour, tel que nous l'entendons, n'existe pas.

Parmi les peuples barbares qui sont presque tous polygames, le désir de posséder de nombreuses femmes dérive non point tant du besoin de jouir de leurs caresses, mais du brutal désir de les faire servir comme des bêtes de somme. En effet, ce sont généralement les femmes qui se livrent aux travaux les plus durs et les plus pénibles.

Plus maltraitées que les animaux domestiques dont elles jouent le rôle, les pauvres femmes s'humilient, pleines de crainte, devant leur féroce mari qui les frappe et les maltraite de mille manières. Le nègre, qui est éminemment polygame, « ne connaît, dit Monteiro, ni amour, ni affection, ni jalousie ».

« Pendant les nombreuses années, dit-il, que j'ai passées en Afrique, je n'ai jamais vu un nègre manifester la moindre tendresse pour une femme, lui entourer la taille de ses bras, lui donner ou en recevoir des caresses. Ces hommes n'ont dans leur langue aucun mot pour désigner l'amour ou l'affection ».

Le roi M'tésa, qui a des milliers de jeunes filles dans son *harem*, les aime tellement qu'il en envoie chaque jour quelqu'une au supplice pour s'en débarrasser. Voilà l'expression la plus basse et la plus barbare de l'amour polygame ! Polissez-la, embellissez-la, parfumez-la tant que vous voudrez, la polygamie aura toujours un fonds de brutalité, de perversion sensuelle, de souverain mépris pour la femme ; elle sera toujours la négation de tous ces sentiments délicats et nobles qui constituent l'amour.

Je ne parle pas de la polyandrie, car elle touche à la promiscuité. Fille de la plus profonde misère, la polyandrie est à l'amour ce que l'anémie est à l'exubérance de la santé et de la vie.

Je sais bien que dans notre société, dite civilisée, existent, sous forme *extra-légale*, la polygamie aussi bien que la polyandrie. Aussi la règle générale est-elle que les hommes sont polygames et les femmes polyandres.

Cela provient non seulement de ce que dans les veines de l'homme civilisé circule encore le sang des mammifères dont nous descendons et des sauvages, nos ancêtres, mais surtout de ce que le vice et la misère corrompent, troublent et tarissent les sources de l'amour.

Le mariage d'argent, qui parfois jette entre les bras d'un vieillard une jeune fille délicate et aimante, ou bien un jeune homme dans les filets d'une vieille sorcière édentée ; qui unit des créatures qui ne s'aiment pas et qui se sacrifient à la cupidité de l'or, doit nécessairement conduire à la polygamie et à la polyandrie.

Le célibat par prudence ou par misère et la perversion des riches nous donnent, non seulement la polygamie et la polyandrie, mais encore l'amour galant et toutes sortes de turpitudes.

Cependant, les choses, il faut l'espérer, ne se passeront pas toujours ainsi : l'avenir sera plus propice à l'amour vrai et durable.

V

Pour que l'amour existe, il a besoin du concours de deux forces à l'état de sublimation : l'énergie physique et l'énergie psychique. La seule énergie physique pourrait produire l'excitation des sens ; la seule énergie psychique, la contemplation ascétique, l'extase, mais jamais l'amour, qui est, à la fois, excitation et extase. L'énergie physique et l'énergie psychique se prêtent aide mutuellement et se complètent l'une l'autre.

L'amour parfait résulte de l'harmonieux

concours de ces deux forces. Lorsque l'énergie physique l'emporte sur l'énergie psychique, l'amour ne s'élève pas au-dessus de la terre; au contraire, lorsque c'est l'énergie psychique qui domine, l'amour s'envole jusqu'au ciel.

Ces deux espèces d'amour ont leurs héroïsmes que l'art a cherché à déterminer et à perpétuer.

Françoise de Rimini qui, malgré les souffrances de l'Enfer, va étroitement enlacée à son Paul, comme le jour où, pour la première fois,

« *Il déposa un baiser sur ses lèvres tremblantes* »;

Françoise qui dit au poète qui l'interroge :

« *J'ai ressenti pour lui un amour si fort*
« *Que je n'ai pas encore pu l'oublier* »,

est l'expression la plus élevée et la plus intense de l'amour *sensuel*.

Plus nobles et plus délicates sont les manifestations de l'amour où domine l'élément psychique.

Le cas de la belle, de la divine Ophélie, qui perd la raison et la vie à cause de son amour malheureux pour Hamlet, est bien digne, certes, de compassion. Mais bien plus émouvant encore est le cas de la Médora de Byron, de la passionnée et sublime Médora.

Durant la douloureuse absence de son cher Conrad, l'invincible et farouche corsaire, la belle Médora, pressentant le sort qui l'attend, chante en ces termes :

« *Loin de toi, au fond de ma sombre retraite,*
« *Rien ne peut éteindre mon amour.*
« *Mon cœur, en pensant à toi, s'enflamme ;*
« *Et un doux frémissement l'agite dans le silence.*

« *Brûlant, semblable à un flambeau funéraire,*
« *Il se consume lentement, mais ne s'éteint jamais.*

« *L'espoir peut mourir, mais non mon amour,*
« *Quelque faible que soit aujourd'hui sa flamme.*

« *Ne m'oublie pas ! Ne passe pas sur la tombe*
« *Où je reposerai sans te souvenir de moi !*
« *Hélas ! la pensée que tu puisses, un jour, m'oublier,*
« *Est le seul souci dont je sois incapable de me débarrasser.*

« *Une larme seule : telle est l'exclusive récompense*
« *Que mon amour désire recevoir de toi.*
« *Unique récompense ! Récompense dernière ! La vertu*
« *Ne défend pas de verser une larme pour qui n'est plus* ».

Mais Conrad ne revient pas ; et Médora passe la nuit

« *Sans goûter le moindre sommeil,*
« *Contemplant les étoiles l'une après l'autre* » ;

et, son esprit agité de pensées sombres, elle voit apparaître, à ses yeux confus, la clarté du matin ; mais elle ne cesse pas de regarder l'onde irritée, dans l'espoir d'apercevoir une proue

« *Qui vienne, à la fois, consoler son amour,*
« *Sécher ses larmes et combler ses vœux* » ;

et si elle redoute un danger, ce n'est point celui qui menace sa propre vie, mais celui qui peut anéantir

« Une vie qui lui est plus chère que la sienne ».

Mais tout est inutile : Conrad ne reparaît pas. Et Médora, la malheureuse, la sublime Médora, de même que la fleur à laquelle le ciel refuse une gouttelette de rosée, meurt consumée de douleur.

Ophélie ! Médora !

L'amour peut-il faire de plus belles, de plus nobles victimes !

Que l'on ne croie pas qu'il s'agisse là d'une vaine invention de l'imagination des poètes. Dans notre siècle cupide, vénal et lâche, il existe des âmes d'élite qui s'immolent à l'amour. On apprend chaque jour que des jeunes filles sont devenues folles, qu'elles se sont précipitées du haut d'une fenêtre, qu'elles se sont empoisonnées; que de jeunes gens se sont arraché la vie par amour.

Le monde regarde, sourit et passe; cependant, celui qui connaît les replis les plus cachés du cœur, ne peut que s'attrister et verser une larme sur le sort de ces victimes de la plus noble et de la plus puissante de toutes les passions humaines, l'Amour.

Mais l'amour n'a pas seulement des héros : il a encore des martyrs. Parmi toutes les misères de la vie, la privation de l'amour est l'une des plus cruelles et des plus douloureuses. Qui pourrait dire le nombre de jeunes gens, de jeunes filles qui manquent actuellement de bonheur parce qu'ils ne peuvent pas contenter les aspirations les plus ardentes de leur cœur? Qui pourrait dire combien d'heureuses promesses de beauté et de jeunesse sont condamnées à languir sans avoir pu jouir de la suprême ivresse d'une palpitation d'amour? Qui pourrait dire le nombre des créatures qu'une secrète affection ronge et consume ; le nombre des victimes obscures et que personne ne pleure, qui s'immolent en holocauste sur l'autel de ce Dieu, le plus doux et le plus tyrannique de tous?

La privation de l'amour est donc un des fléaux les plus horribles dont ait à souffrir l'humanité.

Un grand nombre de maladies physiques, de désordres intellectuels et moraux sont l'effet de cette privation, qui immole plus de victimes que la faim. Pour mon compte, je suis convaincu qu'alors même qu'on arriverait à résoudre le problème du pain, l'homme serait toujours malheureux jusqu'au jour où serait éga-

-lement résolu le problème de l'Amour.

Malheureusement, ce problème n'est pas encore posé ; néanmoins, je crois qu'il ne tardera pas à être considéré comme l'un des problèmes les plus importants de l'avenir. Je crois que l'amour, qui est aujourd'hui un tourment pour un grand nombre de créatures, sera, un jour, le baume salutaire de la vie de tous, le rayon de lumière divine qui éclairera et réjouira la pénible marche du genre humain sur la voie de l'infini.

En attendant que cette ère nouvelle, pleine de bonheur, arrive, permettez-moi d'adresser, du profond de mon cœur, à toutes les créatures qui aujourd'hui souffrent, à toutes les créatures qui languissent, à toutes les créatures qui meurent d'Amour, un compatissant et sincère salut.

TABLE DES MATIÈRES

I. — Lyon	1
II. — Genève	9
III. — Turin	15
IV. — Milan	25
V. — Venise	31
VI. — Bologne	49
VII. — Lorette	59
VIII.— Foggia	71
IX. — Naples	77
X. — Pompéi	81
XI. — Naples	93
XII. — Rome	101
XIII.— Rome (suite)	111
XIV. — Rome (suite)	123
XV. — Rome (suite)	137

TABLE DES MATIÈRES

XVI. — Rome (suite). 149
XVII. — Florence 163
XVIII. — Pise. 173
XIX. — Gênes 181
XX. — Marseille 191

L'Évolution de l'Amour 209

FIN DE LA TABLE

Imprimerie DESTENAY, Bussières frères, St-Amand (Cher).

www.ingramcontent.com/pod-product-compliance
Lightning Source LLC
Chambersburg PA
CBHW050632170426
43200CB00008B/982